SONHE, ACREDITE E FAÇA

NOTA DO PUBLISHER

Uma história inspiradora de muitos sonhos, mas também de muita batalha, disciplina e dedicação. Essa é a trajetória de Edmar Castelo e de seus dois filhos, Leandro e Leonardo, contada aqui neste livro.

Desde a primeira vez que tive contato com os irmãos Leandro e Leonardo – em uma palestra do projeto Day1, da Endeavor – soube que ali tinha algo especial. Não somente pela genialidade excepcional dos dois, que construíram um verdadeiro império (que hoje é um verdadeiro modelo para novos empresários serem cada vez mais bem-sucedidos), mas também pela autenticidade e pelo orgulho que demonstram, a cada palavra e a cada gesto, de sua história de vida.

Em *Sonhe, acredite e faça*, a família Castelo nos mostra que o primeiro passo para a realização de nossos sonhos é acreditar: precisamos acreditar em nós mesmos, na nossa competência e em nossa missão – seja ela a de mudar outras vidas ou mudar a nossa própria.

Assim, acreditando nesse percurso de muita luta e sucesso, afirmo com enorme felicidade que é um prazer ter essas três figuras em nosso *casting* de autores da Editora Gente.

Rosely Boschini
CEO e publisher da Editora Gente

**EDMAR CASTELO,
LEANDRO CASTELO E LEONARDO CASTELO**

PREFÁCIO DE FLÁVIO AUGUSTO DA SILVA

SONHE, ACREDITE E FAÇA

CONHEÇA A TRAJETÓRIA DOS EMPRESÁRIOS VISIONÁRIOS QUE COMEÇARAM VENDENDO PRODUTOS DE LIMPEZA EM UMA KOMBI VELHA E CRIARAM UM NEGÓCIO BILIONÁRIO COM MAIS DE DUAS MIL FRANQUIAS

Diretora
Rosely Boschini

Gerente Editorial
Rosângela de Araujo Barbosa

Editora Assistente
Franciane Batagin

Assistente Editorial
Rafaella Carrilho

Coordenação Editorial
Amanda Oliveira

Projeto
Economídia

Direção
Luis Fernando Klava e Tâmara Wink

Redação
Erica Martin

Edição
Marcelo Monteiro

Controle de Produção
Fábio Esteves

Projeto Gráfico e Diagramação
Vivian Oliveira

Capa
Vanessa Lima

Preparação
Fernanda Guerriero Antunes

Revisão
Giovanna Caleiro

Todas as fotos foram enviadas pelos autores. Sua autorização de uso e reprodução são de inteira responsabilidade dos mesmos.

Copyright © 2020 by Edmar Castelo, Leonardo Castelo e Leandro Castelo

Todos os direitos desta edição são reservados à Editora Gente.
Rua Original, nº 141 / 143 - Sumarezinho,
São Paulo - SP, CEP 05435-050
Telefone: (11) 3670-2500
Site: www.editoragente.com.br
E-mail: gente@editoragente.com.br

Dados Internacionais de Catalogação na Publicação (CIP)
Angélica Ilacqua CRB-8/7057

Castelo, Edmar
   Sonhe, acredite e faça: conheça a trajetória dos empresários visionários que começaram vendendo... / Edmar Castelo, Leandro Castelo, Leonardo Castelo. – São Paulo: Editora Gente, 2020.
   192 p.

   ISBN 978-65-5544-029-4

   1. Empreendedorismo 2. Sucesso nos negócios I. Título II. Castelo, Leandro III. Castelo, Leonardo

20-2631   CDD 650.1

Índice para catálogo sistemático
1. Sucesso nos negócios

Quando decidimos escrever este livro,
tínhamos o desejo genuíno de mostrar e provar para o mundo
que tudo é possível. Por isso, dedicamos esta obra a você que,
assim como nós, não tem medo de sonhar grande e
batalha todos os dias para que eles sejam realizados.

Mas também dedicamos a você que ainda não está confiante
na própria capacidade de tornar os sonhos reais,
porque acreditamos, de coração, que mudará de ideia
logo após ler este livro. Somos a prova viva de que quando
se quer algo, verdadeiramente, de corpo e alma, de que quando se
tem fé e se consegue enxergar o que ninguém enxerga,
qualquer objetivo pode ser alcançável.

Queremos inspirá-lo a querer sempre mais e
a não desistir mesmo diante das batalhas mais árduas.
Siga em frente e tente outra vez, quantas vezes forem necessárias.
Você é do tamanho dos seus sonhos.

Agradecemos aos familiares:
Célia Maria, João Victor Faleiro Castelo, Rafael Roiz,
Daniela Sousa Castelo, Zana Sales Faleiro,
Pedro Leonardo e Ludovina Lopes Torres Neta;

Aos amigos:
Antonio Carlos Florentino Skrekovisz,
Ricardo Mendes da Rosa, Djeyder Luçoli Windmiller,
Dorival Alves de Souza, Douglas de Borba,
Ronaldo Camargo Junior, Rosemary Aparecida de Oliveira,
Lineu Bueno de Oliveira Filho, Rildo Pinheiro,
Giovanna Zattar, Arua Caselli, Neder Kassem Kemache,
Adriana Janaina Marcon Ahrendt, Edina Kath,
Douglas Henrique Reis e José Ivan Brito;

A todos dos times Ecoville, Asia Source e
300 Franchising, mentores, franqueados,
fornecedores, clientes, sócios e à Endeavor.

Cada um de vocês foi fundamental
para que pudéssemos chegar até aqui.

Sumário

PREFÁCIO. CORAGEM, DETERMINAÇÃO E RESILIÊNCIA PARA SONHAR, ACREDITAR E FAZER..10

INTRODUÇÃO. VOCÊ SÓ TERÁ O IMPOSSÍVEL FAZENDO O IMPENSÁVEL.....16

CAPÍTULO 1. É PRECISO ACREDITAR...20
Não deixe seu sonho morrer, por Edmar Castelo.....................24
PALAVRA DE MENTOR: Empreender não é inventar a roda, por Gustavo Caetano...32

CAPÍTULO 2. INSIGHT EMPREENDEDOR..36
PALAVRA DE MENTOR: Afinidade com o segmento é fundamental para quem quer empreender, por Rodrigo Lopes.........................44

CAPÍTULO 3. VONTADE DE TER FORÇA...48
PALAVRA DE MENTOR: Estudo do fluxo de caixa é a chave para a empresa dar certo, por Samy Dana..56

CAPÍTULO 4. A VENDA TRANSFORMA A VIDA.....................................60
PALAVRA DE MENTOR: O futuro das vendas passa pelo vendedor-empreendedor, por Thiago Concer................68

CAPÍTULO 5. EQUIPE DE ALTA PERFORMANCE..................................72
PALAVRA DE MENTOR: A busca por uma equipe de excelência, por Iuri Miranda..78

CAPÍTULO 6. A NATURA DOS PRODUTOS DE LIMPEZA 82
PALAVRA DE MENTOR: Como manter uma equipe motivada,
     por João Kepler 90

CAPÍTULO 7. O PODER DA MENTORIA 94
PALAVRA DE MENTOR: Gestão de A a Z,
     por Ladmir Carvalho 102

CAPÍTULO 8. A DECISÃO PELO LICENCIAMENTO 106
PALAVRA DE MENTOR: Pacote de ações para reter talentos,
     por Paulo Vieira 112

CAPÍTULO 9. O FRANCHISING 116
PALAVRA DE MENTOR: Franquear ou licenciar? Franquear, claro,
     por Adir Ribeiro 122

CAPÍTULO 10. VENDEDOR FORA DE SÉRIE 126
PALAVRA DE MENTOR: Franqueados nota mil,
     por Dorival Oliveira 134

CAPÍTULO 11. ACELERAÇÃO EXPONENCIAL 138
PALAVRA DE MENTOR: O que é mentoria e como usá-la para acelerar
     seu crescimento, por Camilla Junqueira 146

CAPÍTULO 12. SEJA O MELHOR 150
PALAVRA DE MENTOR: Busca pela autoconfiança,
     por Joel Jota 162

CAPÍTULO 13. DE MENTORADOS A MENTORES 166
PALAVRA DE MENTOR: Crescer com responsabilidade,
     por Rony Meisler 174

CAPÍTULO 14. PLANEJAMENTO 178
PALAVRA DE MENTOR: Construção constante,
     por Luiza Helena Trajano 184

CONCLUSÃO. O NOSSO FUTURO 188

PREFÁCIO
CORAGEM, DETERMINAÇÃO E RESILIÊNCIA PARA SONHAR, ACREDITAR E FAZER

Em meu livro *Ponto de inflexão*, falo fundamentalmente sobre as decisões que podem mudar a nossa vida. A família Castelo teve talvez o seu principal ponto de inflexão quando decidiu largar tudo o que tinha para montar um negócio do zero em Joinville – outra cidade, outro estado, outra região do país.

Se você está pensando em iniciar um empreendimento próprio, é possível que já esteja diante de seu ponto de inflexão. Mas, antes que você saia vendendo o carro, pedindo demissão ou contraindo empréstimos caros para investir em seu sonho, é preciso que tenha em mente alguns conceitos.

Primeiro: o empreendedorismo não é uma ciência exata; portanto, se você pretende abrir um negócio próprio, comece por entender que não existem fórmulas prontas para o sucesso.

Dito isso, saiba também que:

1) cada segmento de atividade econômica tem suas peculiaridades;
2) cada pessoa apresenta condições educacionais e financeiras muito próprias, além de um perfil comportamental único, que se reflete em suas ações no campo empresarial;
3) em cada cidade, estado e país há peculiaridades locais e regionais;
4) cada momento micro e macroeconômico exige medidas específicas para aquele instante determinado.

Em resumo, não há como garantir que a fórmula bem-sucedida usada por um empreendedor para abrir uma padaria em determinado local dará certo se outra pessoa usá-la para montar o mesmo tipo de negócios em outro lugar. Quem empreende com sucesso não segue uma receita de bolo – ou de pão, no caso. Montar uma empresa requer, antes de tudo, uma imensa capacidade de estudar, observar e entender todas as variáveis mencionadas no começo deste texto e suas consequências para o empreendimento quando se coloca efetivamente a mão na massa.

Então, se você ainda não tem – mas pretende ter – um negócio próprio, posso garantir que começou sua jornada empreendedora com o pé direito. Neste livro, além de conhecer a fascinante história da família Castelo e de sua empresa, que começou como um sonho de pai e filhos e se tornou a maior rede varejista de produtos de limpeza do Brasil, você encontrará lições, ensinamentos e subsídios de alguns dos mais renomados experts do país em áreas fundamentais para o sucesso de qualquer empreendimento – de finanças a gestão de pessoas, passando por marketing, vendas e expansão.

Se o seu sonho ainda não saiu do papel – e mesmo quando ele já estiver ganhando forma –, *Sonhe, acredite e faça* pode ser uma referência para buscar inspiração, conhecimento e até mesmo alguma dose de fé e esperança de que tudo vai dar certo. Seja nas lições de Seu Edmar e dos filhos Leandro e Leonardo ou nas ideias dos mentores que lhes trouxeram luz antes e durante a caminhada empreendedora, estas páginas podem ser o ponto de partida para conhecer as principais variáveis envolvidas na construção de um negócio próprio.

Agora esqueça tudo o que escrevi até aqui.

Quando se fala em replicar um modelo de negócio bem-sucedido, é preciso abrir uma justíssima e necessária exceção ao sistema de franchising. Usando como base o exemplo da padaria mencionado anteriormente, se o empreendimento a ser replicado foi testado e aprovado no formato de franquia, com aquilo que o sistema pressupõe (gestão, *know-how*, treinamento, marketing, etc.), terá tudo para, sim, dar certo.

O índice de sucesso das franquias no Brasil não deixa dúvidas sobre isso. Ou seja, abrir uma franquia é completamente diferente de se começar um negócio do zero. E foi também por enxergar as potencialidades do franchising que a família Castelo fez seu empreendimento aumentar de tamanho a cada ano.

De volta à ideia inicial, mesmo que não exista uma fórmula mágica para se empreender com sucesso – e ela não existe, isso eu garanto –, algumas atitudes são essenciais para quem pretende vencer no empreendedorismo.

Olhando para nossos primeiros passos como empreendedores, enxergo claramente alguns pontos em comum entre a minha história e a trajetória da família Castelo. Assim como eu, quando aos 22 anos, decidi abandonar um salário alto para abrir a minha própria rede de escolas de inglês, a Wise Up, Seu Edmar, Leandro e Leonardo tiveram coragem para largar suas bem-sucedidas carreiras como funcionários e investiram no sonho empreendedor. Pontos de inflexão...

Da mesma forma, todos enfrentamos muitos obstáculos. No começo da minha carreira, como vendedor, eu passava até quatro horas em pé, em um orelhão, agendando reuniões com potenciais clientes – antes de o setor ser privatizado, uma linha telefônica custava o equivalente a US$ 3 mil e, claro, nem toda empresa tinha alguns milhares de dólares para disponibilizar linhas individuais a cada vendedor. Seu Edmar, Leandro e Leonardo, por sua vez, dormiam em um galpão e conviviam com a tensão de depender de uma Kombi velha para trabalhar – e só quem teve uma Kombi velha entende o tamanho do desafio.

Esses episódios – e há muitos outros neste livro – escancaram outras posturas essenciais de quem vence como empreendedor: a determinação e a resiliência. No entanto, é bom que fique claro: apenas ter determinação, resiliência e coragem não garantem sucesso no empreendedorismo. É preciso muito mais.

Acredito que qualquer pessoa possa vencer como empreendedora, mas vejo que nem todos têm a indispensável ousadia de sair dos trilhos que a vida lhes impõe, o ânimo necessário para correr riscos e a força de vontade para dedicar doze horas diárias (ou mais) a fim de fazer um negócio dar certo.

Edmar, Leandro e Leonardo tiveram tudo isso – e muito mais.

O título desta obra, *Sonhe, acredite e faça*, delineia os caminhos encontrados pela família Castelo para vencer. Após a leitura, é provável que você desenhe a sua própria trilha. Com coragem, determinação e resiliência, sonhe, acredite e faça você também a sua história de sucesso.

Boa leitura! E sucesso!
Flávio Augusto da Silva

Flávio Augusto da Silva é empresário, fundador de uma das maiores redes de escolas de línguas do Brasil, a Wise Up. Atualmente, lidera a *holding* Wiser Educação, que detém as redes Wise Up, Wise Up Online e NumberOne – todas voltadas para o ensino de idiomas – bem como a plataforma de empreendedorismo MeuSucesso.com e a Editora Buzz. Além disso, é proprietário do time de futebol Orlando City, dos Estados Unidos. Flávio se tornou um dos empreendedores mais influentes do Brasil, com quase 5 milhões de seguidores nas redes sociais. Em 2011, idealizou o projeto "Geração de Valor", onde compartilha ensinamentos sobre empreendedorismo e investimentos.

"APENAS TER DETERMINAÇÃO, RESILIÊNCIA E CORAGEM NÃO É GARANTIA DE SUCESSO NO EMPREENDEDORISMO. É PRECISO MUITO MAIS."

Flávio Augusto da Silva

INTRODUÇÃO
VOCÊ SÓ TERÁ O IMPOSSÍVEL FAZENDO O IMPENSÁVEL...

Quando decidimos escrever este livro, o objetivo principal era mostrar ao leitor que a jornada do empreendedorismo, embora difícil, pode ser desbravada por todos. Aliás, mais do que isso: ela pode levá-lo a um mundo de conquistas e realizações inimaginadas.

Se você estiver passando por algum momento difícil, portanto, nossa recomendação é: acalme-se, reflita, peça ajuda se necessário e encontre as soluções, mas não desista. Nunca! Sonhar grande e acreditar em si são ingredientes fundamentais, principalmente quando estamos passando por dificuldades. Sem isso, tudo fica mais difícil.

Lembre-se sempre de que você só terá o impossível fazendo o impensável. É claro que é necessário ter em mente que a execução é o que vai tornar seu sonho realidade. Nosso pai, Edmar Castelo, costuma dizer que, depois de saber qual é o tamanho do sonho – e, óbvio, acreditar nele –, o próximo passo é ter atitude, foco e disciplina. Para isso, tenha coragem e convicção para tirar suas ideias do papel.

Foi assim que construímos a Ecoville, a maior rede varejista de produtos de limpeza do Brasil, e criamos a 300 Franchising, *holding* de franqueadoras multissetoriais, que hoje já é uma das maiores do país. Seguindo essas premissas, também nos tornamos Empreendedores Endeavor e ganhamos o prêmio Empreendedor do Ano, concedido pela antiga Ernst & Young, atual EY, considerado o Oscar do empreendedorismo mundial.

No entanto, o caminho foi árduo. Começamos com pouco dinheiro, mas já sonhávamos grande: não queríamos só vender produtos de limpeza. Nosso propósito era profissionalizar o mercado brasileiro de venda porta a porta desses itens tão essenciais.

Compramos uma Kombi velha e construímos um pequeno galpão para fabricar e armazenar os produtos. Nas ruas, recebemos muitos "nãos" das donas de casa. Com poucas vendas, faltava dinheiro para tudo. Paramos de pagar o aluguel de uma quitinete e fomos dormir no chão do galpão. Era a alternativa para continuarmos a buscar nossos sonhos.

Sabe quando mudamos o rumo da nossa história? Quando assumimos nossos erros e buscamos ajuda. Por meio da Endeavor e do programa Extreme Makeover, da revista *Pequenas Empresas & Grandes Negócios*, recebemos a mentoria dos profissionais mais gabaritados do mercado. E, mais do que ouvir, tivemos a humildade de colocar em prática as orientações recebidas. Essa postura nos levou a um ciclo de conquistas.

Queremos que o leitor também tenha a oportunidade de aprender com quem entende do assunto. Por essa razão, além de trazer insights e ensinamentos sobre gestão que absorvemos ao longo da nossa trajetória empreendedora, convidamos catorze mentores para darem dicas relacionadas ao universo do empreendedorismo: Gustavo Caetano, fundador da Samba Tech; Rodrigo Lopes, estrategista de marketing digital; Samy Dana, economista e professor; Thiago Concer, fundador do movimento Orgulho de Ser Vendedor; Iuri Miranda, CEO do Burger King Brasil; João Kepler, escritor e investidor-anjo; Ladmir Carvalho, presidente da Alterdata; Paulo Vieira, coaching e presidente da Febracis; Adir Ribeiro, CEO e fundador da Praxis Business; Dorival Oliveira, vice-presidente de franquias do McDonald's; Camilla Junqueira, diretora-geral da Endeavor Brasil; Joel Jota, ex-atleta da Seleção Brasileira de Natação; Rony Meisler, CEO do Grupo Reserva; e Luiza Helena Trajano, presidente do Conselho de Administração do Magalu.

Por fim, o título *Sonhe, acredite e faça* não é fruto do acaso. Nossa história mostrou que esses são os pilares fundamentais para um empreendedor que busca o sucesso. Não adianta só sonhar, é fundamental acreditar naquilo que você quer e, mais do que tudo, é preciso fazer acontecer. Esse é um mantra que nos acompanha vinte e quatro horas por dia. Está presente na nossa alma e no nosso corpo – literalmente.

A partir de agora, convidamos o leitor a entrar em nossa vida e a conhecer o caminho que percorremos até aqui. Esperamos, profundamente, que você possa aprender com nossas experiências. Sucesso na sua jornada!

Leandro e Leonardo Castelo

CAPÍTULO 1

É PRECISO ACREDITAR

POR LEONARDO CASTELO

Em outubro de 2015, quando participávamos de um curso em São Paulo, conhecemos o empresário Altino Cristofoletti Júnior, cofundador da Casa do Construtor, rede de lojas especializadas em locação de equipamentos para construção civil, e ex-presidente da Associação Brasileira de Franquias (ABF). Ele nos contou que uma tal de Endeavor, organização global sem fins lucrativos que apoia empreendedores de alto impacto, tinha transformado seus negócios.

Ficamos impressionados com o depoimento dele. Depois de receber mentorias de profissionais renomados do mercado por meio da Endeavor, a Casa do Construtor passou a crescer substancialmente. Estávamos decididos a entrar em contato com a instituição quando voltássemos a Joinville, onde moramos. Na época não tinha a menor ideia de que a Endeavor poderia impactar tanto as empresas que apoia. Hoje, ouso dizer que é uma espécie de Harvard do empreendedorismo.

Voltamos para Santa Catarina em uma segunda-feira. Ao chegar ao escritório, havia um recado colado no meu computador: "Leonardo, ligar para a Giovanna, da Endeavor". Como costumamos fazer pegadinhas um com o outro, achei que era coisa do Lê e pensei: *Que brincadeira sem graça.*

Dessa vez, porém, não era pegadinha. Coincidência do destino ou não, a Endeavor entrou em contato conosco antes mesmo que pudéssemos ligar para eles. Vale dizer que, embora seja possível se inscrever espontaneamente para participar dos programas da Endeavor, a organização também prospecta empresas e empreendedores de alto impacto.

Na mesma hora, retornei a ligação:

— Olá, Giovanna, aqui é o Léo, da Ecoville. Recebi seu recado e estou retornando.

— Oi, Léo, tudo bem? Liguei para vocês na segunda-feira passada. Temos um projeto que se chama Promessas Endeavor e gostaria de saber se querem participar do processo seletivo que irá escolher os participantes do próximo ano. O problema é que a fase de entrevistas termina amanhã, e já não tenho mais agenda para hoje. Podemos marcar para amanhã?

Fiquei feliz com a notícia, mas estava com a cabeça em outro lugar. Meu pai tinha descoberto um câncer na próstata e faria uma cirurgia justamente no dia seguinte, data em que ela havia sugerido a entrevista.

Quando expliquei a situação, a Giovanna propôs, solidariamente, fazer a entrevista naquele mesmo dia, à noite, após seu expediente. Foram duas horas e meia de conversa por videoconferência.

Mesmo preocupados com meu pai, no fundo, nós acreditávamos que tudo ia dar certo. E foi por isso que nos saímos bem na entrevista.

Na quarta-feira, meu telefone tocou. Era a Giovanna novamente.

— Oi, Léo. Sei que ainda devem estar no hospital, mas tenho boas notícias! Vocês foram selecionados para o Promessas.

Foi um dia inesquecível, até porque não é tão fácil ser selecionado pelo programa, que chega a receber 5 mil inscrições por ano, sendo que somente 250 projetos são aprovados.

Sabíamos que tudo tinha dado certo com a cirurgia do meu pai, então, quando voltei ao quarto onde ele estava, contei a novidade. Ele ficou muito feliz e emocionado. Todos nós ficamos contentes, mas não fazíamos ideia de que a nossa história não seria mais a mesma depois daquele telefonema.

ESSE SONHO COMEÇOU COM O MEU PAI

Meu pai, José Edmar Castelo Batista, sempre foi um homem sonhador, mas, ao mesmo tempo, jamais tirou os pés do chão. Ficar esperando a sorte chegar nunca foi uma opção. Ele sempre correu atrás daquilo que queria e nos ensinou a lição de que coragem, disciplina, dedicação e, sobretudo, humildade deveriam caminhar juntas para que os sonhos pudessem sair do papel.

O seu jeito de ser só aproximou nossa família. Desde pequenos, eu e o Lê, especialmente, sempre apoiamos um ao outro em todas as circunstâncias. Mais do que irmãos, nos tornamos melhores amigos e sócios. Hoje, nós três moramos no mesmo prédio, em Joinville.

Fazemos questão de preservar o jardim que nosso pai semeou desde a nossa infância. É assim que ele cresce e floresce diariamente.

Ao longo das próximas linhas, você vai entender o porquê dessa amizade tão sólida.

Em 1988, meu pai recebeu o convite de um amigo para assumir a função de gerente-geral da Boley do Brasil, fábrica de óleo localizada em Salvador, na Bahia. Na época, eu estava com 13 anos, o Lê, com 10 e a Daniela, minha irmã mais nova, com 7. Fomos morar em um condomínio localizado dentro da empresa. No entanto, havia uma comunidade – por sinal, bem perigosa – do outro lado do muro, e, claro, começamos conviver com pessoas de lá, incluindo alguns usuários de drogas.

Em compensação, dentro de casa tínhamos professores gabaritados que nos mostravam quais caminhos não seguir. Sempre fomos muito bem orientados pelos nossos pais.

Meu pai, especialmente, usava uma tática interessante. Em um quadro, escrevia diversas perguntas: "O que você quer ter na vida?" "Quais pessoas têm o que você quer ter?" "O que elas fizeram para conquistar tudo isso?" "Quem usa drogas conquistou aquilo que vocês querem ter?" Do outro, ele anotava as nossas respostas. O objetivo era mostrar as consequências de cada escolha que fazemos na vida.

Eram uma espécie de miniaulas ou minipalestras. Tinham horário para começar e terminar. Se minha mãe interrompesse, ele ficava bravo e dizia: "Precisamos ter disciplina". Éramos crianças na época, mas já tínhamos discernimento para entender, a partir daquelas lições, a diferença entre os caminhos do bem e do mal.

Lembro que em um desses encontros ouvi do meu pai que tínhamos que ser humildes. Fiquei por mais de um ano me questionando: *O que é isso?* A vida, porém, me ensinou que essa palavra é uma das mais importantes do dicionário. É preciso ser humilde para recomeçar quantas vezes for necessário.

Nessas reuniões, meu pai também falava sobre os projetos que teríamos depois que ele se aposentasse. Dizia que montaríamos uma empresa juntos – ele, eu e meu irmão –, embora não soubesse o que seria exatamente. A minha irmã, que mais tarde se tornou bailarina profissional, era bem pequena na época e costumava participar das reuniões, mas entendia muito pouco do que falávamos.

A semente do negócio próprio brotava no nosso jardim. Lembro que, aos domingos, tínhamos o hábito de acordar cedo para assistir ao programa *Pequenas Empresas & Grandes Negócios*, da Rede Globo. Qual criança se dispõe a acordar às 7 horas da manhã em um domingo para assistir a um programa sobre empresas? Nosso destino já dava sinais.

Foi nessa época que ouvi do meu pai, pela primeira vez, uma frase que nos guia até hoje: "Você não tem que ser bom. Tem que ser o melhor naquilo que se propõe a fazer". Nas próximas páginas, você vai conhecer um pouco mais sobre a história do meu pai, narrada por ele mesmo, e o início de um sonho que nos trouxe até aqui.

★ ★ ★

NÃO DEIXE SEU SONHO MORRER

Por Edmar Castelo

O sonho de empreender começou há muito tempo, em uma cidade chamada Pernambuquinho, a 100 quilômetros de Fortaleza, onde nasci. Meu pai, Luiz Batista de Oliveira, foi um grande empreendedor. Era fazendeiro, tinha muitas terras, nas quais plantava chuchu, tomate e café. Em época de safra, chegava a ter mais de duzentos funcionários.

Era um império, mas que ruiu. Além do vício em jogos, ele administrou mal os negócios e perdeu todas as terras.

Tive doze irmãos: éramos seis homens e sete mulheres. A perda do patrimônio abalou todos e cada um buscou um rumo diferente na vida.

Em 1962, aos 14 anos, resolvi me mudar para um convento em Fortaleza. Como participante ativo da igreja, estava decidido a vestir a batina e virar padre. Depois de um ano confinado, porém, cheguei à conclusão de que não tinha o dom para aquele ofício. Costumo dizer aos meus filhos que eu queria mesmo era namorar.

Ao deixar o convento, fui morar com meu irmão mais velho, José Batista Castelo, hoje com 97 anos, na capital cearense. Com ele, aprendi muito sobre a vida. Certo dia, encontrei um conhecido na rua que me disse:

— Quem é homem bebe cachaça.

Eu era jovem e tinha pouca maturidade, então me senti desafiado e tomei duas doses da bebida. Voltei para casa embriagado, só com um pé de chinelo; o outro, perdi pelo caminho. Ao me ver naquela situação, meu irmão disse que, daquele jeito, eu nunca seria alguém na vida.

O porre foi o primeiro e único. Prometi a mim mesmo que nunca mais beberia e que seria, sim, alguém importante nesta vida. Por alguns anos, aprontei outras tantas, mas vou contar um dos episódios mais engraçados.

Na escola onde eu estudava existiam muitos pés de mamão. Eu costumava colher a fruta do pé, lavar e guardar no quarto onde dormia – na época, passava os dias da semana no colégio e só voltava para casa aos sábados.

Um dia, as frutas colhidas começaram a sumir, e, por conta própria, decidi fazer uma espécie de armadilha para pegar o ladrão. Antes de começar a aula, montei uma arapuca que, basicamente, conectava dois fios de energia ao mamão – um positivo e outro negativo. O objetivo era que o delinquente tomasse um choque ao tocar na fruta.

Enquanto eu arquitetava o plano, porém, o secretário de Agricultura da cidade, o doutor Aluísio, que aparecia no colégio para supervisionar alunos e professores, entrou na sala onde eu estava. Ao ver a fruta em cima da mesa, ele, que já conhecia muito bem minhas molecagens, sentiu que tinha algo errado.

Ao encostar no mamão, levou um baita choque, e, de quebra, a fruta explodiu nas suas mãos. Doutor Aluísio já tinha me dado diversas chances, mas daquela vez não teve jeito: acabei sendo expulso da escola.

Mesmo diante de todas as travessuras, ele gostava mim, e ofereceu uma ajuda de custo paga pela prefeitura, que recebi até completar 18 anos.

Preciso dizer que, embora bagunceiro, sempre fui estudioso. Não frequentei a universidade, mas fiz diversos cursos técnicos durante a vida, principalmente enquanto estava no Ginásio. Aliás, sempre fiz questão de mostrar para os meus filhos que só com estudo eles seriam alguém na vida. Foi por conta desse ensinamento que conseguimos, juntos, enfrentar um dos nossos momentos mais difíceis, já em Joinville, quando nosso dinheiro acabou e fomos dormir no chão do galpão que havíamos construído para fabricar os produtos de limpeza. Naquela época, nos debruçamos nos livros para encontrar as soluções para os nossos problemas.

A JORNADA CORPORATIVA

Em 1965, meu irmão deixou o Ceará e foi morar em São Paulo. Assim que completei 18 anos, decidi seguir, mais uma vez, seus passos. Na época, eu tinha cabelos longos, mas ele, como não concordava com aquele estilo, impôs uma condição para que pudéssemos morar juntos:

— A primeira coisa que você vai fazer é cortar esse cabelo.

Não gostei da ordem e decidi procurar outro lugar para morar. Com pouco dinheiro, aluguei um quarto em uma pensão na Avenida Brigadeiro Luís Antônio, na região central, e parti em busca de trabalho.

Foi um começo difícil. As oportunidades para quem não tinha registro em carteira eram pífias. Embora tivesse feito diversos cursos, nunca havia trabalhado. Vi o anúncio de uma vaga de auxiliar de almoxarifado no jornal, em uma empresa chamada Engel, e decidi tentar a sorte.

Assim que cheguei para a entrevista, um senhor engravatado puxou papo. Ao longo da conversa, descobri que ele era o dono. O empresário se interessou pelos cursos técnicos que eu tinha feito e ofereceu outra vaga, com um salário maior. Era para ocupar a função de meio oficial eletricista em um cliente da Engel em São Paulo, a Aços Villares.

No primeiro dia de trabalho na Aços Villares, um engenheiro perguntou se eu poderia substituir um soldador que tinha faltado. Topei e produzi um volume maior de peças do que o funcionário ausente. Acabei sendo convidado para trabalhar na empresa como oficial eletricista.

No entanto, o dono da Engel me promoveu a encarregado e eu decidi ficar. A missão era montar toda a parte elétrica de outro cliente: uma fábrica onde iriam trabalhar 160 pessoas.

> "VOCÊ NÃO TEM QUE SER BOM. TEM QUE SER O MELHOR NAQUILO QUE VOCÊ SE PROPÕE A FAZER."

Sem a menor ideia de como fazer aquilo, recebi a ajuda de um funcionário, o Ermínio. Durante dois anos, trabalhamos juntos na execução do projeto; quando ficou tudo pronto, contudo, o dono da empresa pediu para que eu dispensasse o funcionário. Minha consciência pesou. Afinal, se não fosse o trabalho em parceria, eu não teria dado conta do recado.

Indignado, coloquei meu próprio cargo à disposição, caso a situação não fosse resolvida. Por fim, a empresa entendeu a injustiça que seria feita, e Ermínio foi promovido a encarregado. Era no mínimo justo.

Quando contei esse episódio para os meus filhos, meu propósito era ensiná-los uma grande lição. Independentemente do cargo que ocupar ou da empresa em que estiver, é preciso ser justo e fazer o que é certo. Até hoje, dentro da Ecoville, seguimos a premissa de valorizar o bom profissional e encorajá-lo a acreditar em seu potencial.

Pouco tempo depois, acabei deixando a Engel para ocupar a função de chefe-geral da Fujiwara, empresa que fabrica equipamentos de proteção individual, em Uberlândia, Minas Gerais. Foi onde conheci minha esposa, Célia Maria Sousa Castelo. Em 1976, nos casamos e decidimos voltar para São Paulo.

Quando o Leonardo nasceu, em 1977, eu já trabalhava como gerente-geral da Lotus, fabricante de óleo de soja, localizada no bairro do Limão, Zona Norte da capital paulista. Desde então, nossa vida foi marcada por idas e vindas. Conhecemos muitos lugares diferentes. O Leandro e a Dani, por exemplo, nasceram em Presidente Prudente, no interior de São Paulo.

Nessa época, eu já ensaiava para atuar como empreendedor. Paralelamente ao emprego, abri uma empresa que montava estruturas metálicas para galpões e contratei algumas pessoas para tocar o negócio. No entanto, um grande amigo, o japonês Takeshi, disse que aquele segmento não daria lucro e que eu precisava sonhar grande.

Aquele episódio ensinou que o perigo não é pensar grande e não conseguir, mas pensar pequeno e conseguir. Portanto, é imprescindível buscar aquilo que se quer, verdadeiramente, mesmo que o caminho seja longo e difícil. Caso contrário, você poderá chegar ao fim da vida infestado de um sentimento de frustração por não ter feito aquilo que realmente desejava. Aquela mensagem norteou o rumo que a nossa família tomaria depois de alguns anos.

Na época, desisti do negócio. Decidi continuar minha jornada como empregado e interrompi, momentaneamente, o sonho de empreender. Em 1988, recebi a proposta para trabalhar na Boley do Brasil, em Salvador, onde vivi o melhor momento da minha carreira. Foi na capital baiana que moramos até minha aposentadoria, em 1997.

Embora morássemos bem próximo a uma comunidade, tínhamos uma casa espaçosa e aconchegante. Além disso, eu recebia um bom salário. Foi durante esse período que consegui bancar – mesmo

"O PERIGO NÃO É PENSAR GRANDE E NÃO CONSEGUIR, MAS PENSAR PEQUENO E CONSEGUIR. PORTANTO, É IMPRESCINDÍVEL BUSCAR AQUILO QUE SE QUER, VERDADEIRAMENTE, MESMO QUE O CAMINHO SEJA LONGO E DIFÍCIL."

Leonardo, à esquerda, aos 10 anos, e Leandro, à direita, aos 7 anos, junto de seus pais, Edmar e Célia.

que isso significasse sacrificar mais da metade do rendimento – as melhores escolas da cidade para os meus filhos.

De Salvador mudamos para Uberlândia, cidade de nascimento da minha esposa, e onde o Leonardo e o Leandro estudaram Engenharia de Produção e conquistaram boas oportunidades de crescimento na carreira. O Leonardo se tornou gerente de operações de uma fábrica da Coca-Cola. Já o Leandro conquistou a posição de gerente de projetos de automação em uma empresa que prestava serviços para a Sadia.

Após viver dez anos em Uberlândia, eu, que nunca havia desistido do desejo de empreender, disse que estava na hora de tirar o sonho do papel. No entanto, acreditava que em São Paulo teríamos mais oportunidades. Convenci meus filhos de que esse, então, era o caminho.

Eu, Leonardo e o Leandro fomos passar um breve período na cidade da garoa, em busca de alguma inspiração.

A partir de agora, você vai conhecer a nossa jornada empreendedora, repleta de perrengues, vitórias, insights e ensinamentos, e que será contada pelos meus filhos, Leandro e Leonardo.

Boa leitura!

Leonardo, aos 7 anos, em pé, e Leandro, aos 3 anos, junto a Edmar, aos 37 anos, na casa de Presidente Prudente.

NÃO DEIXE SEU SONHO MORRER

Ao longo desses anos, a história me mostrou que é preciso persistir nos sonhos em que acreditamos. Portanto, continue tentando. Se estiver atravessando o inferno, não pare. Costumamos dizer que, se o sucesso não chegou na velocidade desejada, é porque ele ainda não foi tratado com a velocidade que merece. Não deixe que seu sonho se apague diante dos desafios.
E lembre-se: para ser grande, é preciso valorizar os pequenos começos.

PALAVRA DE MENTOR

EMPREENDER NÃO É INVENTAR A RODA

Gustavo Caetano,
CEO e fundador da Samba Tech e
autor do best-seller *Pense simples*

Para quem vai começar a empreender, costumo dizer que a lógica atual se baseia na história de Davi e Golias. O pequeno passa a ter vez contra o grande. No entanto, para vencer a batalha, as armas usadas na luta não devem ser as mesmas. O pequeno empreendedor precisa fazer aquilo que a grande empresa não consegue fazer, e isso se dá no desenvolvimento de produtos e soluções cada vez mais específicos, para atender a um grupo restrito de consumidores. É o que chamo de a "era dos supernichos". Estátuas colecionáveis para *geeks*, receitas veganas e plano de saúde voltados para idosos são alguns exemplos. Portanto, é provável que um produto ou serviço muito genérico – ou seja, que tenha o objetivo de atingir a todos os tipos de público, sem um foco – não agregue valor para ninguém.

No entanto, não significa que seja preciso inventar a roda. Até porque desenvolver algo completamente disruptivo, que será capaz de mudar uma indústria ou um mercado, é raro. Falo mesmo de inovação, o que nada tem a ver com invenção. Nos livros *Pense simples* e *Faça simples* explico como a simplicidade é importante para o empreendedor que quer inovar. Ela ajuda na conexão. Significa que quanto mais simples for um produto ou serviço, maior o impacto sobre as pessoas.

O iFood, por exemplo, criou um processo digital para um serviço que já existia: o delivery. O que a empresa fez? Desenvolveu uma experiência melhor para o cliente na hora de pedir comida. Ou seja, em vez de quebrar a cabeça tentando inventar algo do zero, procure enxergar oportunidades que possam eliminar o que costumo chamar de "atritos" na relação com o consumidor. A Amazon entendeu quais eram os atritos relativos aos supermercados e criou a Amazon Go – loja autônoma na qual o consumidor não precisa interagir com funcionários e perder tempo em filas na hora de pagar.

Portanto, a cartada que levará ao sucesso está na possibilidade de tornar melhor e mais fácil o que já existe. Como consumidor, você enxerga algum problema em determinado segmento? É capaz de pensar em alguma solução para resolvê-lo? São as respostas para essas questões que podem ajudá-lo a definir o segmento de atuação.

Por isso, enfatizo que não é preciso conhecer o ramo de atuação com profundidade. Aliás, pode ser bastante positivo não ser um especialista na área – você não vai ter os vícios de mercado e poderá pensar de forma neutra sobre determinado produto ou serviço. O fundador da Nubank, por exemplo, não trabalhava em um banco antes de fundar a empresa, e o da Easy Taxi também não atuava no segmento até desenvolver o aplicativo de transportes.

Para saber se uma ideia tem chances de sucesso, recomendo uma reflexão. É dez vezes mais rápida do que uma solução que já existe? É dez vezes mais barata? Ou gera dez vezes mais valor para o cliente? Se a resposta for sim para uma dessas perguntas, provavelmente trata-se de algo inovador.

Por fim, mesmo depois de tirar o sonho empreendedor do papel, lembre-se de que tudo o que você planejou vai ser diferente na prática – a não ser que você seja capaz de prever o futuro. E não tem nada de errado nisso. Quando montei meu primeiro plano de negócios, em 2004, havia pelo menos quarenta páginas só sobre análise de riscos, mas quando coloquei o projeto no ar, tudo mudou. De uma desenvolvedora de aplicativos e jogos para celulares, nos tornamos uma plataforma de vídeos on-line.

Aprecio muito a regra do Exército canadense, que diz que se houver disparidade entre o mapa e o terreno, o soldado deve sempre acreditar no terreno. E o que isso quer dizer? Se você tem em mãos um mapa que mostra a passagem por um rio, mas ao olhar para o chão você não o vê, não comece a nadar na areia. A mesma regra vale para o empreendedor. É fundamental ter um planejamento, mas é essencial ter capacidade de olhar para a realidade, refletir sobre as mudanças e se adaptar a elas.

Além disso, seja fascinado pela área na qual vai atuar. Na maioria das vezes, você só tem resiliência para suportar as adversidades que surgem no meio do caminho se, de verdade, for apaixonado por aquilo que faz. Certo dia, ouvi de um empreendedor americano: "Quando você for empreender, se prepare para atuar em um mesmo negócio por vinte ou trinta anos". Invariavelmente, serão muitos anos de sua vida dedicados a uma empresa. Ou seja, você tem que estar lá porque gosta. Na Samba Tech, estou há dezesseis anos. É muito tempo, mas tenho gás para trabalhar por mais dezesseis anos.

Gustavo Caetano fundou a Samba Tech e transformou a startup mineira em líder em transformação digital na América Latina. Devido ao seu estilo inovador e ousado, já compartilhou suas experiências em eventos no Massachusetts Institute of Technology (MIT), na ONU e na Nasdaq. Foi nomeado o Empreendedor de Sucesso no Brasil, em 2009, pela PEGN e Visa, além de melhor fundador pelo The Next Web em 2012. Hoje, a empresa que fundou é reconhecida internacionalmente e tornou-se o principal grupo de internet B2B no continente, oferecendo soluções para mais de quinhentos clientes em oito países e operando com escritórios em Belo Horizonte, São Paulo e Buenos Aires.

CAPÍTULO 2

INSIGHT EMPREENDEDOR

POR LEANDRO CASTELO

Em busca de inspiração para montar o próprio negócio, em junho de 2007, eu, meu pai e o Léo viajamos a São Paulo. Ficamos um final de semana no bairro do Limão, na Zona Norte, região que meu pai conhecia bem por ter trabalhado e morado anos antes.

Lá nos deparamos com um vendedor de produtos de limpeza porta a porta, e era impressionante a quantidade de itens que ele vendia. O homem usava uma Kombi para transportar os produtos, mas eram tantos os clientes que o abordavam que ele mal conseguia tirar o carro do lugar. Quando chegou próximo a nós, puxamos papo e perguntamos sobre os custos para manter o negócio e, principalmente, se sobrava algum dinheiro no final do mês. Ele foi otimista nas respostas.

Parecia um segmento promissor, pelo menos para o que buscávamos. Exigia, inicialmente, pouco investimento; além disso, descobrimos um mercado gigantesco: o Brasil é o quarto maior mercado de produtos de limpeza no mundo. O setor também costuma sentir pouco os efeitos de qualquer crise. Durante a pandemia da Covid-19, por exemplo, 22% dos brasileiros passaram a comprar ainda mais produtos da categoria[1].

Outro ponto que nos empolgou foi o fato de ser um mercado pouco formal quando se trata da venda porta a porta. Era a chance que tínhamos de profissionalizá-lo.

Desde então, não paramos de pensar na possibilidade de empreender no setor. A partir das informações que o vendedor nos passou, fizemos algumas contas e chegamos à conclusão de que valeria a pena tentar. Foi nessa época que tive um insight: *Por que não montar uma espécie de Natura dos produtos de limpeza com revendedores porta a porta?*

Meu pai se empolgou com a ideia, mas achava que São Paulo não era a cidade ideal para abrir esse tipo de negócio. Ele dizia que tínhamos que procurar uma região onde a concorrência fosse menor.

---

[1] MAIS preocupados com a pandemia, consumidores esperam mais engajamento das marcas. *Kantar IBOPE Media*, São Paulo, 27 mar. 2020. Disponível em: https://www.kantaribopemedia.com/mais-preocupados-com-a-pandemia-consumidores-esperam-maior-engajamento-das-marcas/. Acesso em: 04 ago. 2020.

Além disso, o trânsito intenso da megalópole dificultaria o trabalho de venda nas ruas. Foi quando cogitamos ir para o Nordeste.

Voltamos para Uberlândia e marcamos uma reunião em família. Todos já sabiam de qual assunto trataríamos, e minha mãe já havia sinalizado que não concordava em nada com aquela história. Para ela, seria uma loucura pedir demissão e mudar de cidade, já que eu e meu irmão estávamos em ascensão na carreira.

À noite, sentamos todos à mesa de jantar. De um lado, eu, meu pai e meu irmão; do outro, minha esposa, minha cunhada, minha mãe e minha irmã. Na época, meu sobrinho, o João Victor (filho do Léo, que atualmente contempla nossa equipe de vendas), estava com 9 anos. Defendemos ali o sonho de empreender. Nossas esposas apoiaram a decisão, assim como minha irmã, que é bailarina profissional, e estava com uma viagem marcada para o Japão.

Faltava então saber o que minha mãe achava de tudo aquilo. Era essa a nossa grande preocupação. No entanto, ela decidiu se posicionar, ainda bem, a nosso favor:

— Rezei muito para que pudéssemos tomar a decisão certa. Deus tocou no meu coração e disse que deveríamos ir, mas o nosso destino é o Sul, não o Nordeste.

Depois do que ouvimos, não restaram mais dúvidas e decidimos juntos que o destino seria Curitiba. Além de ser uma capital, a cidade aparecia com frequência na TV pela qualidade de vida invejável que oferecia aos moradores.

Na semana seguinte, eu e o Léo pedimos demissão do emprego e seguimos para o Paraná. Era julho de 2017 quando partimos para Curitiba. Chegamos por volta de 2 horas da manhã. Fazia muito frio e eu estava bastante incomodado com a temperatura, que beirava os 5 graus.

Quando desci o vidro do carro, meus ossos doeram! Costumo brincar que Deus mandou aquele frio para nos espantar de lá. Talvez tenha sido isso mesmo.

Ao entrar na cidade, vimos uma praça e decidimos parar e pedir informações para uma pessoa que estava lá:

— Olá, boa noite. Estamos procurando um hotel que seja simples e barato. Sabe onde tem um por aqui?

— Tem um bem próximo. Inclusive, durmo lá às vezes. Posso levar vocês.

Não nos julgue. Fizemos o que não é nada recomendado: deixamos um estranho subir no carro. Ao entrar, ele disse:

— Vocês querem cocaína ou maconha?

Espantados com aquela pergunta, explicamos que não estávamos em busca de drogas, procurávamos apenas um lugar para dormir. Para a nossa sorte, o homem riu e disse:

— Como é que vocês me param aqui uma hora dessas? É muito perigoso. Vou levar vocês até lá.

Ele continuou no carro e nos guiou até o hotel, localizado a dois quarteirões da praça. Subimos para o quarto, mas não havia água quente nem outra suíte vaga. Tivemos que tomar banho em uma água congelante. Definitivamente não queria morar em um lugar tão frio. Na manhã seguinte, fomos embora.

Como estávamos em busca de uma capital, seguimos rumo a Florianópolis, mas, após algumas horas na cidade, percebemos que enfrentaríamos o mesmo problema que nos afastou de São Paulo: engarrafamento. Decidimos perguntar a opinião das pessoas sobre qual município seria interessante para vender produtos de limpeza porta a porta. Até que, em um mercadinho, alguém falou sobre Blumenau.

Pegamos novamente a estrada, mas não nos atentamos à entrada que nos levaria a Blumenau. Um pouco mais à frente, vimos uma placa, que indicava Joinville à direita. Estranhei a sinalização e disse para o Léo:

— Lembro que Joinville é depois de Blumenau. Acho que estamos errados.

Paramos o carro e olhamos o mapa. De fato, tínhamos passado a entrada da cidade, mas, como já era tarde, decidimos dormir em Joinville, cidade que, até então, não estava em nossos planos.

> **"NOSSO SONHO CRESCE À MEDIDA QUE O TIRAMOS DO PAPEL E O EXECUTAMOS."**

Paramos em uma lanchonete para comer um X-Salada, o Léo pagou a conta e seguimos em busca de um lugar para dormir. No caminho, meu irmão notou que tinha esquecido a carteira – é de praxe o Léo esquecer algo em algum lugar. Tentamos voltar, mas, como estava escuro, não encontramos o local. O plano era ir embora no dia seguinte, pela manhã, porém precisávamos recuperar a carteira.

No outro dia, saímos bem cedo do hotel e fomos até a lanchonete. De dia, foi mais fácil encontrá-la; para o nosso azar, porém – ou melhor, nossa sorte –, ela estava fechada. Os vizinhos disseram que só abriria à noite. Ficamos mais um dia em Joinville e aproveitamos para conhecer melhor a cidade. Fomos até a vigilância sanitária e pedimos a lista de empresas que tinham registro para fabricar produtos de limpeza.

Visitamos cada uma delas e perguntamos tudo sobre o negócio: gastos, faturamento, lucros e metas. Identificamos que não existiam empresas com o mesmo objetivo que o nosso: profissionalizar o mercado de produtos de limpeza porta a porta e se tornar a maior empresa da cidade.

★ ★ ★

Preciso fazer uma pausa nessa história para dizer que um sonho cresce à medida que buscamos conhecimento. O aprendizado amplia o campo de visão e aguça a vontade de realizar ainda mais projetos. Ao fazer uma viagem internacional, por exemplo, certamente você terá vontade de conhecer novos lugares. E é assim que funciona.

Nessa época, por exemplo, queríamos nos tornar referência em uma cidade. Quando passamos a estudar e a colocar a mão na massa, porém, nosso sonho cresceu.

Ultrapassamos as barreiras de Santa Catarina e ganhamos visibilidade em outros estados. Hoje, nossa missão é ser a maior franqueadora do Brasil. E estamos bem perto disso.

★ ★ ★

À noite, voltamos ao estabelecimento para pegar a carteira, que estava intacta, com os cartões e o dinheiro exatamente do jeito que o Léo tinha deixado. Gostamos ainda mais daquele lugar. Embora Joinville não fosse uma capital, estava próxima de duas: Florianópolis e Curitiba. Também era a maior cidade do estado e a mais industrializada.

Estávamos decididos: era naquele lugar que começaríamos a empreender. No dia seguinte, voltamos para Minas Gerais. Estava na hora de combinar os próximos passos com a família.

ESTUDE O SEGMENTO NO QUAL PRETENDE ATUAR

Estudar o segmento em que pretende atuar é um dos passos mais importantes para quem vai empreender. Na época, nossa pesquisa foi bastante superficial, mas hoje recomendo um estudo aprofundado, independentemente do ramo de atuação. Identifique a classe social que quer alcançar, as características do seu cliente e a localização mais estratégica para a sua empresa. Até porque a abordagem e os métodos de venda mudam de acordo com as especificidades do público-alvo. Além disso, antes de definir a região de atuação, converse com os moradores e empreendedores locais. Pergunte sobre faturamento, gastos e o lucro obtidos. Tenha em mãos o máximo de informações que puder. Dessa forma, você terá insumos para iniciar seu negócio com mais tranquilidade.

ELABORE UM PLANO

Além de estudar o setor, o empreendedor deve construir um plano de execução do negócio. O documento deverá contemplar previsões de receita, gastos e margem de lucro. Com esse raio X em mãos, será possível ter uma dimensão sobre o negócio e evitar surpresas após a abertura da empresa.

PALAVRA DE MENTOR

AFINIDADE COM O SEGMENTO É FUNDAMENTAL PARA QUEM QUER EMPREENDER

Rodrigo Lopes,
Estrategista de marketing digital

Quando se vai escolher um segmento para empreender, há uma particularidade que às vezes as pessoas acabam esquecendo: a afinidade. Em todo segmento é possível se construir um empreendimento de sucesso – não importa se o que vai ser vendido é carro, casinha de cachorro ou marketing digital.

Mas o que vai definir esse sucesso? Uma pessoa verdadeiramente comprometida em ter sucesso precisa ter dedicação ao negócio. E, se você tiver afinidade, gostar daquilo com que trabalha, vai se dedicar muito mais do que se empenharia em outras atividades das quais não gosta. Naquilo de que eu gosto, eu boto mais energia, mais dedicação e faço com mais prazer. Como consequência, os produtos ou serviços que ofereço tornam-se melhores.

Outro aspecto importante é que o empreendedor precisa ter no mínimo certo conforto para empreender em uma área. Quando ele não tem conforto, não tem segurança. E quando não há segurança, falta coragem. Só que, para empreender, independentemente de qual seja a área, é preciso ter coragem.

Vejo pessoas que adoram cozinhar e que, em restaurantes que servem almoço e jantar, se dedicam àquilo diariamente, das 6 horas da manhã à meia-noite, todos os dias. E elas dão certo no negócio! Por quê? Porque têm afinidade com aquilo com que estão trabalhando.

E o fato é que todo mundo tem alguma área de afinidade.

Sobre essa afinidade, na prática, ela significa mais gostar do que saber fazer algo.

Um dos grandes segredos para alguém ser bem-sucedido em uma área é a sua autoridade, algo muito baseado no conhecimento que se tem e no quanto se compartilha desse conhecimento com as pessoas. Você pode conhecer muito sobre um determinado tema e não compartilhar esse conhecimento – neste caso, você não será uma referência dentro do segmento.

A partir do momento em que se tem afinidade com algum tema – e que se tem clara a noção de que "trabalho" sempre vai "dar trabalho" –, o profissional entende que pode fazer da sua vida exatamente aquilo que ele gosta de fazer, buscando conhecimento nessas áreas com as quais tem afinidade e se dedicando integralmente a elas.

Importante: as afinidades não são apenas "gosto de cozinhar" ou "gosto do marketing digital". Envolvem uma série de complementos. No caso do marketing digital, por exemplo, envolvem gostar de viajar, de trabalhar em casa e/ou em frente a um computador – e, por outro lado, não gostar de trabalhos braçais. Ou seja, as afinidades são uma série de condições que lhe deixam confortável para que possa se dedicar a uma determinada área.

Uma forma de afinidade é a facilidade de aprendizado. Quando o aprendizado se transforma em conhecimento, isso ajuda a construir a sua autoridade. E, dessa forma, você se sente mais confortável para, por exemplo, empreender no segmento.

Por fim, depois de escolher a área de afinidade – mas ainda antes de começar um empreendimento –, a primeira coisa que se precisa fazer é se colocar no lugar do comprador do seu produto ou serviço. É necessário retirar da balança a euforia inicial com a ideia do negócio, porque às vezes você está construindo um negócio para você – e este é um dos maiores erros que podem ser cometidos nesse processo.

Em vez de construir negócios para si mesmo, é preciso construir um negócio para o cliente. E, se eu preciso construir um negócio para o meu cliente, devo me colocar no lugar dele antes de efetivamente abrir esse negócio. Se, ao olhar para o empreendimento com os olhos de um potencial consumidor, a proposta ainda fizer sentido – ou seja, se o negócio resolver alguma dor ou necessidade do futuro cliente –, aí sim esse empreendimento pode ser levado adiante.

Rodrigo Lopes é empresário, fundador/presidente do Grupo MegaMais e de mais de 10 negócios no Brasil. Um dos maiores estrategistas de marketing digital do país, criou a Faculdade do Empreendedor, que ajuda outros empresários a buscarem o sucesso no mundo dos negócios.

CAPÍTULO 3

VONTADE DE TER FORÇA

POR LEANDRO CASTELO

Depois de alguns dias em Uberlândia e de uma nova conversa com a família para falar sobre a mudança de planos e a cidade que escolhemos para empreender, eu e meu pai voltamos para Joinville. Dessa vez, o Léo ficou em Minas com o propósito de encontrar soluções que pudessem diminuir os nossos custos, enquanto não mudássemos definitivamente para o Sul. Como nós três morávamos de aluguel, cada um em uma casa, um dos caminhos era juntar a família em um único imóvel e reduzir as despesas fixas. Foi o que fizemos.

Em Joinville, eu e meu pai tínhamos a missão de encontrar um lugar para morar e fazer alguns testes: fabricar os primeiros produtos e sair na rua para vendê-los. O tempo era nosso inimigo, tínhamos pressa para começar o negócio – com um capital de giro minúsculo, não sobreviveríamos por muito tempo.

No entanto, os moradores de Joinville não costumavam locar imóveis para pessoas de fora e nós não tínhamos fiador nem conhecidos na cidade, o que dificultaria alugar uma casa por lá. Em um golpe de sorte, porém, conseguimos. Compramos máquina de lavar, televisão e três camas para equipar a nova moradia.

No fundo do quintal, erguemos uma pequena estrutura para armazenar os produtos e deixamos tudo pronto para os testes. Compramos matéria-prima, fabricamos o primeiro lote e fomos para a rua vender. O resultado foi um sucesso. Vendemos quase todo o estoque.

Vale dizer que sempre soubemos que para sobreviver ao mercado precisaríamos oferecer um diferencial competitivo; por isso, desde o início focamos na fabricação de produtos biodegradáveis. Não à toa, mesmo antes de ter um CNPJ, batizamos a empresa de Ecoville: "Eco", de produtos ecológicos e biodegradáveis; "Ville", como referência à cidade de Joinville.

Após a validação de que poderia dar certo, voltamos para Minas. Tínhamos muito o que conversar sobre os próximos passos. Nossa expectativa era levar a família para Joinville seis meses após a nossa ida, – tempo que acreditávamos ser o suficiente para o negócio deslanchar. Mas não foi. Dois anos depois, ainda estávamos engatinhando.

Após três semanas de muitas conversas e planejamentos em Uberlândia, retornamos para Santa Catarina. Pela primeira vez, estávamos os três juntos em Joinville. Ao chegar à casa alugada, contudo, uma surpresa: novos inquilinos tinham tomado posse do lugar. Os problemas só haviam começado.

Ter arcado com o aluguel do mês todo não foi suficiente para a dona do imóvel. Ela disse que tínhamos "sumido" e que por isso havia alugado a casa para outra família. Como se não bastasse, vendeu tudo o que havíamos deixado – máquina de lavar, televisão, cama e, inclusive, o estoque de produtos de limpeza fabricado por nós.

Um misto de indignação, raiva e decepção nos consumia naquele momento. O pior de tudo é que levaríamos muito tempo para conseguir alugar outro imóvel. Sem ter para onde ir, procuramos o Hotel Hannover, um dos mais baratos da cidade, para dormir.

O destino, porém, foi generoso e tratou de colocar excelentes pessoas em nosso caminho.

Da última vez que tínhamos ido a Joinville, conhecemos, por um acaso da vida, o Rick – que, mais tarde, se tornaria um grande amigo e nosso braço direito na Ecoville. Na época, ele forneceu diversas informações sobre a cidade. Como estávamos em um beco sem saída, decidimos contatá-lo. Contamos tudo o que tinha acontecido e ele, mesmo sem nos conhecer direito, não nos deixou ficar no hotel e nos ofereceu a própria casa até que conseguíssemos um novo local. Nós aceitamos.

Quinze dias depois, Rick, que também estava nos ajudando a procurar um novo lugar para morar, encontrou um conhecido que tinha uma quitinete e que topou alugá-la. No entanto, havia uma condição: teríamos que pagar seis meses adiantados. Mesmo com o dinheiro contado, topamos.

Entretanto, não tínhamos nada para colocar dentro do imóvel. Todos os nossos móveis e eletrodomésticos haviam sido vendidos pela dona da primeira casa, e se gastássemos nossa reserva provavelmente sentiríamos falta dela mais tarde. Compramos pouca coisa. Uma TV de 14 polegadas, três panelas, um fogãozinho de duas bocas, um botijão, três pratos, três talheres e três colchões.

Ainda precisávamos de um espaço para fabricar os produtos, mas não queríamos repetir o perrengue que era locar um imóvel na cidade. Decidimos comprar um terreno, financiado em sessenta meses, e construir um pequeno galpão no fundo dele.

Contratamos um pedreiro para erguer as paredes e ajudamos no que foi possível. Tínhamos pressa. Eu, meu pai e o Léo soldamos toda a estrutura metálica e fizemos a cobertura do galpão. Além disso, como só tínhamos verba para cimentar uma parte do terreno, a frente dele continuou do jeito que sempre esteve: cheia de terra. As obras demoraram cerca de noventa dias para acabar.

Àquela altura, já tínhamos torrado metade do que juntamos com as rescisões que recebemos das empresas onde eu e Léo trabalhávamos, além da venda de nossos carros.

Para começar, de fato, a vender os produtos porta a porta, também compramos uma Kombi, que de tão velha ganhou o apelido de Bonita. Para você ter uma ideia, o assoalho da frente, onde ficam motorista e passageiro, apodreceu e caiu. Para que nossos pés não passassem para fora e encostassem no asfalto, forramos o chão com uma tábua.

A situação da Bonita era tão lastimável que, quando saímos para vender na rua, os clientes ficavam com dó daquela situação. De bom grado, preparavam café para levar para nós e, em dias de calor, nos davam garrafas pet com gelo e água para ajudar a amenizar a alta temperatura. Éramos muito paparicados.

AS BATALHAS DA VIDA

Antes de ter minha própria empresa, não imaginava que iria passar por tantas dificuldades. Parece tão mais fácil ser o próprio patrão, não é mesmo? Mas se prepare. Se quer empreender, saiba que você será provado todos os dias, o tempo todo, seja pelo cliente, pelo concorrente, pelo mercado ou até por você mesmo.

E é por isso que acreditar naquilo que se deseja é primordial para continuar a jornada do empreendedorismo. Ao olhar um empresário de sucesso, pode parecer, à primeira vista, que foi fácil conquistar tudo aquilo, mas na maioria das vezes, pode acreditar, o percurso foi árduo. Empreender exige coragem, determinação, dedicação e muita resiliência para enfrentar as batalhas do dia a dia.

No início, quando começamos a trabalhar com a venda de produtos de limpeza, não tínhamos ideia de como ter o próprio negócio demanda atitude e foco. Mesmo sem técnicas, achávamos que venderíamos muito e que a Ecoville rapidamente seria autossustentável. No entanto, nada ocorreu como esperávamos.

Era fim de 2007. O prazo de seis meses que acreditávamos ser o suficiente para fazer o negócio vingar já estava se esgotando. Por outro lado, os nossos problemas não tinham nem começado. Sem a mínima noção de como vender, recebíamos muitos nãos dos clientes. Não possuíamos mais capital de giro. Faltava dinheiro para as matérias-primas, e usávamos todo o salário de aposentado do meu pai para pagar as despesas da família, em Minas.

Estávamos literalmente vendendo o almoço para pagar o jantar. Produzíamos em pequena quantidade. Depois de conseguir algum dinheiro com as vendas, corríamos para comprar mais matérias-primas, fabricávamos novos produtos e abastecíamos a Kombi para voltar à rua. Isso tudo em um mesmo dia. Não existia estoque, não existia planejamento.

O aluguel da quitinete também venceu. O dono queria um valor adiantado para renovar a locação, mas nós não tínhamos mais de onde tirar dinheiro. Foi neste momento que tivemos que sair de lá, que já não era um lugar tão agradável, para dormir no galpão.

Como o bairro onde ficava o depósito era próximo a um matagal, ganhamos companhia: os pernilongos. No galpão não havia laje, só telhas, e os bichos circulavam facilmente entre os cômodos. Certo dia, encontramos 150 pernilongos em um único quarto (matamos todos com uma raquete elétrica). Tentei ir dormir na Bonita algumas vezes, mas, como ela também tinha diversos buracos no assoalho, os insetos apareciam por lá também.

A situação só piorava e a Kombi pedia urgentemente uma manutenção, mas não era possível pagar um mecânico. Foram inúmeras as vezes em que fomos para a rua trabalhar sem a marcha a ré funcionar. Mas tudo bem, nosso sonho estava à frente de qualquer dificuldade.

Em busca de alternativas para economizar, o Léo decidiu pesquisar alimentos que pudessem dar energia e descobriu que o amendoim era excelente. Foram muitas as vezes que almoçamos paçoca.

Àquela altura do campeonato, tínhamos pouca comunicação com a nossa família, em Minas. A internet era coisa de rico, e estávamos sem dinheiro para comprar cartão telefônico. Sentíamos falta do convívio, do olho no olho.

O pior de tudo era saber que dava para jogar tudo para o alto. Tínhamos condições de procurar um emprego e fugir daquela situação. No entanto, como costumava dizer meu grande amigo Neder Kassem (um vendedor fora de série que você irá conhecer nos próximos capítulos), não é uma questão de força de vontade, mas vontade de ter força. A vontade deve vir antes de tudo. Ela é o que nos dá força para seguir adiante.

★ ★ ★

Era início de 2008, chovia havia mais de quarenta dias em Joinville. Um grande lamaçal se formou na frente do terreno do galpão, que era de terra, e os quatro pneus da Kombi afundaram na lama. Quanto mais eu pisava no acelerador para sair do lugar, mais o carro ficava preso ao atoleiro.

Ao tentar abrir a porta para descer, não consegui. A lama impedia. Minha única opção foi sair pelo vidro do motorista. Além de frustrado, me senti triste e desanimado. O Léo e meu pai, que viam a cena de longe, se aproximaram para ajudar.

Naquela hora, nos abraçamos e choramos.

Leandro trabalhando na primeira fábrica da Ecoville.

Edmar, à esquerda, e Leandro. Os produtos eram fabricados à noite pelos próprios empreendedores.

As lágrimas não tinham relação com a lama ou a chuva, mas com o momento que estávamos vivendo. Tínhamos chegado ao fundo do poço. O atoleiro foi um jeito simbólico que a vida encontrou para mostrar que estávamos totalmente despreparados para tocar a própria empresa.

O destino, porém, nos reservava um novo rumo. Por isso, sempre digo que é preciso se livrar dos pensamentos que falam que você não vai conseguir. Sempre há um caminho, uma rota alternativa. Alguns dias depois, saímos para trabalhar. Estava cansado de tudo aquilo, pensava em desistir e voltar para Minas.

Entretanto, ao bater palmas em frente a uma casa, uma mulher abriu a porta. Sem ter a mínima noção de quem éramos, ela disse:

— Estava lá dentro rezando e você chamou. Deus pediu para dizer que não desista.

A interferência daquela mulher fez minha fé renascer. Era preciso seguir em frente.

Até hoje, choro quando falo sobre o assunto. Aquele episódio deu força a todos nós.

PLANEJE SEU CAPITAL DE GIRO

Para qualquer pessoa que conto nossa história, costumo dizer que começamos da forma errada. De cara, mobilizamos metade do capital de giro. Compramos um imóvel e construímos um pequeno galpão. Esse dinheiro poderia fazer falta lá na frente. E fez. Depois de seis meses, não tínhamos mais reservas. Além disso, ficamos presos a um endereço, sem saber se era o ideal para começar o nosso negócio. A visão de que ter um imóvel próprio representa segurança, portanto, ficou no passado.
OUTRA DICA: não caia no conto de que seis meses são o suficiente para o negócio decolar. No nosso caso, foram dois anos para conseguir o mínimo de estabilidade financeira.
Por isso, planeje bem o fluxo de caixa. Reserve pelo menos um montante que seja o bastante para bancar doze meses de suas despesas com o negócio. Não subestime os obstáculos, eles vão aparecer.

PALAVRA DE MENTOR

ESTUDO DO FLUXO DE CAIXA É A CHAVE PARA A EMPRESA DAR CERTO

Samy Dana,
Economista e professor da Escola de Administração de Empresas da Fundação Getúlio Vargas

Cada negócio – e isso vale para todos os portes e os mais diversificados setores econômicos – tem um ciclo de operação necessário até que comece a se pagar. Ou seja, ninguém pode achar que irá abrir uma empresa hoje e que amanhã ela já estará dando o retorno esperado.

Este é um erro que muitos empreendedores cometem: achar que conseguirão viver do negócio antes de ele chegar à maturidade e alcançar a sustentabilidade financeira. Por essa razão, planejar-se – prevendo uma reserva de emergência, para que se possa ter fôlego até que a empresa consiga andar com as próprias pernas – é um dos primeiros passos para quem pretende empreender.

Nesse sentido, outra ação fundamental é um estudo detalhado do fluxo de caixa, com as previsões de entrada e saída de recursos a cada mês a partir da abertura do negócio. Essa previsão do fluxo de caixa é a grande chave para que se projete quando efetivamente o empreendimento começará a bancar-se financeiramente – e, por consequência, quanto dinheiro o empreendedor precisará investir até que comece a ter o retorno de seu investimento.

Outro ponto essencial é o capital inicial usado para a abertura do negócio. As duas melhores fontes de financiamento são o capital próprio ou de terceiros, que nesse caso entram como sócios. Embora esse dinheiro possa ser considerado caro, uma vez que significa a divisão dos lucros futuros, tem a vantagem de ser um recurso de longo prazo, não exigindo o pagamento imediato de parcelas – como aconteceria em um financiamento bancário, por exemplo.

Aliás, considerando o ambiente econômico brasileiro, pegar um empréstimo para abrir um negócio próprio não é, definitivamente, a melhor opção para quem está começando. Com um sistema bancário com pouca concorrência e com grande risco de inadimplência, dificilmente alguém que não tenha um patrimônio grande – e que possa dar um bem como garantia de pagamento – conseguirá financiamento com taxa de juros a níveis aceitáveis.

Para pessoas físicas comuns, as taxas podem chegar a 70% ou 80% ao ano. Imagine, então, o tamanho do desafio de começar um empreendimento do zero, tendo ainda que bancar um acréscimo de 70% ou 80% sobre o capital investido logo nos doze primeiros meses de operação. Quanto a empresa precisaria crescer em um ano para poder suportar o pagamento de um empréstimo com essa taxa de juros?

Há casos de empresários bem-sucedidos que abriram suas empresas usando o cheque especial. Mas é preciso ter claro que são exceções. Temos que pensar que se um grande número de empreendedores abrir um negócio usando o dinheiro do cheque especial, a maioria vai dar errado.

Outro erro comum entre empresários iniciantes é a compra de um imóvel para servir como base operacional do negócio, com a ideia de que se está economizando o dinheiro do aluguel. Mesmo que o imóvel seja próprio, deve-se pensar na quitação dessa propriedade como se o empresário estivesse pagando um aluguel para si mesmo. Não faz sentido imobilizar tanto recurso no começo de um empreendimento. Na prática, a empresa precisa se pagar, com mais recursos entrando do que saindo. Ponto.

Por fim, uma última – mas não menos importante – recomendação: tome cuidado para não acreditar que pode repetir a trajetória bem-sucedida (mas altamente fora da curva) daquele empresário que começou com o dinheiro do cheque especial ou coisas do gênero. Não é porque deu certo com ele que se pode dizer que foi uma boa ideia.

Antes de seguir por um ou outro caminho, é preciso avaliar estatisticamente as chances de o empreendimento dar certo se for erguido de uma ou outra forma. Toda semana, alguém fica milionário ganhando na Mega Sena. Mas isso não significa que se deva apostar todo seu dinheiro na loteria, porque quem fica milionário, nesses casos, é uma pessoa entre milhões de apostadores. Ou seja, a análise estatística é fundamental para a tomada de decisões assertivas no mundo dos negócios.

Samy Dana é professor de economia da Escola de Administração de Empresas da Fundação Getúlio Vargas (FGV) e comentarista da rádio Jovem Pan atuando principalmente no Jornal da Manhã e também no programa Pânico. Durante sete anos, foi comentarista da Rede Globo sendo colunista do Jornal da Globo, SPTV, do Hora 1 e do Em Pauta, da Globo News. Samy também desenvolveu, no Esporte Espetacular e no Seleção SporTV, o Estudo de Campo, uma coluna cujo objetivo era explicar o esporte através dos números. Além disso, possui graduação e mestrado em economia, doutorado em administração e Ph.D. em Business. São mais de quinze anos de experiência em consultorias e apresentação de palestras. É autor de vários livros ligados a finanças, economia e negócios. Atualmente, é *head* de conteúdo da Easynvest.

CAPÍTULO 4

A VENDA TRANSFORMA A VIDA

POR LEONARDO CASTELO

Ouvir "não" com frequência e, principalmente, não ter capacidade de transformá-lo em "sim" foram as razões nos levaram a uma conclusão: não sabíamos vender. Nos faltava algo primordial para quem vai empreender: técnica. Sequer tínhamos argumentos para contornar as objeções, quando, por exemplo, éramos questionados sobre a qualidade dos produtos que fabricávamos em relação aos concorrentes.

Foi nessa época que tivemos a humildade de entender que estávamos despreparados. Precisávamos aprender a vender, mas só com base teórica seria possível sair do fundo do poço. Em busca de saídas, decidimos comprar alguns livros e estudar por conta própria. *Pense e enriqueça*, de Napoleon Hill, *Os segredos da mente milionária*, de T. Harv Eker e *A Bíblia de vendas*, de Jeffrey Gitomer (todos autores norte-americanos) foram alguns dos mais marcantes e que nos deram insights sobre como superar desafios e buscar o sucesso.

Estudávamos muito durante a noite, depois do expediente, mas não era só teoria. Tudo o que aprendíamos, colocávamos em prática no dia seguinte. Até porque não adianta se debruçar nas leituras se os ensinamentos não puderem ser colocados em prática.

Desenvolvemos também uma rotina. Todos os dias, pela manhã, compartilhávamos as estratégias de vendas adotadas no dia anterior e analisávamos quais tinham garantido os melhores resultados. À medida que os métodos obtinham sucesso, eram replicados. Foi assim que desenvolvemos uma metodologia própria de vendas. Listo a seguir os métodos de venda que considero os mais relevantes para a virada de chave da Ecoville.

DEMONSTRAÇÃO

A demonstração foi o primeiro grande truque para tornar os produtos da Ecoville mais atraentes para os consumidores. Adotamos uma tática simples, apelidada de "olhos de águia". Antes de bater palmas na casa de um cliente, passamos a prestar atenção em quais locais os produtos poderiam ser usados (técnica aplicada até hoje em nossos treinamentos). Era comum, por exemplo, encontrar portões sujos ou telhados com limo por conta da exposição ao tempo.

Quando o consumidor nos recebia, oferecíamos uma demonstração. Usávamos os produtos para limpar a superfície suja e, com isso, atestar que, de fato, eles funcionavam. O cliente que muitas vezes estava predisposto ao "não" passou a nos dizer "sim".

Ganhamos credibilidade, porque focamos em resolver os problemas das pessoas e a buscar um diferencial em nossa maneira de vender, não queríamos ser somente mais uma venda de produtos de limpeza porta a porta.

EXPERIMENTAÇÃO

Nessa época, meu pai, que tinha lido muito sobre experimentação, teve uma ideia: oferecer amostras grátis dos produtos em copos descartáveis. Confesso que, inicialmente, não gostei da estratégia. Qual qualidade teríamos ao entregar um produto de limpeza em um copo plástico?

Precisávamos de um recipiente adequado, mas não tínhamos dinheiro. Mesmo diante da minha discordância, ele implementou a técnica. Ainda bem, porque o instinto do meu pai estava mais do que certo. Descobrimos que a taxa de conversão nas vendas – ou seja, a quantidade de pessoas que, de fato, comprava os produtos da Ecoville – aumentava à medida que o consumidor tinha a chance de experimentá-los.

Com mais dinheiro no caixa, compramos embalagens adequadas, com rótulos, mas o resultado não foi o mesmo. Isso porque o copo descartável estimulava o uso do produto quase imediatamente. Ou seja, ele era, de fato, testado pelo consumidor. Por outro lado, a amostra embalada e rotulada era muitas vezes esquecida em um canto qualquer da casa. Decidimos, portanto, manter os descartáveis.

DISCIPLINA NA ROTA

Costumo dizer que a disciplina é um dos grandes segredos que levaram a Ecoville a ser uma referência no segmento de produtos de limpeza. Só ela é capaz de perpetuar os resultados e torná-los sólidos. Implementamos, portanto, um roteiro rígido, com dia e horário exatos para percorrer cada bairro. Só assim seria possível estabelecer um elo de confiança com o público.

A matemática é simples. Se o amaciante acabar hoje, mas o cliente tiver 100% de certeza de que haverá um vendedor na porta de sua casa na manhã seguinte, é bem provável que aguarde para comprar o produto no conforto do lar. Por outro lado, se tiver dúvidas quanto à pontualidade do vendedor, certamente irá procurar um supermercado tradicional para repor o item. Sem compromisso e rotina, a fidelidade da venda porta a porta escorre pelo ralo.

CLIENTE PERSONALIZADO E O GATILHO DA RECIPROCIDADE

Estabelecemos como meta entregar pelo menos uma amostra em cada casa de Joinville. No entanto, a distribuição não era aleatória. Ao fazer a entrega, meu pai, que era o responsável pela missão, anotava o bairro, a rua, o número da residência e o nome do cliente, sem a pretensão inicial de vender.

Dois dias depois, retornávamos ao mesmo endereço. O objetivo era dar ao consumidor tempo para usar o produto. Ao chamar o cliente pelo nome, além de ser um diferencial, estabelecíamos uma relação de proximidade.

Nessa época, também conhecemos o termo "gatilho da reciprocidade". Em qualquer tipo de negócio, essa técnica pode funcionar muito bem. Isso porque, quando uma pessoa recebe algo de alguém – seja um presente ou mesmo um gesto de gratidão –, é natural que queira dar algo em troca. Ao receber a amostra e testá-la, portanto, o cliente optava por comprar nosso produto. Era uma forma de retribuição.

PEDIDOS DE INDICAÇÃO

Passamos também a distribuir tabloides com os preços dos produtos – e, ao entregá-los a um cliente, falávamos sobre o sonho de tornar a Ecoville uma grande empresa. Pedíamos que repassassem aquele material para parentes e amigos. Aos poucos, conseguimos cativar a atenção do público. Foi nessa época que descobrimos que nada impulsiona mais as vendas do que o boca a boca. O material acabou ficando conhecido pelos moradores de Joinville como "a tabelinha azul e amarela".

QUALIDADE E NOVOS PRODUTOS

Preciso deixar claro que nossa metodologia de vendas não traria resultados a longo prazo se os produtos não tivessem qualidade. Técnica alguma consegue manter por muito tempo a comercialização de produtos ou serviços ruins. No caso dos itens de limpeza, quanto maior a quantidade de matérias-primas usadas em sua composição, melhor é a performance. Vale lembrar que prezamos sempre por ativos ecológicos e biodegradáveis, portanto, mesmo quando há mais matérias-primas envolvidas na produção, o viés sustentável é mantido.

Escolher o caminho da qualidade em vez do menor preço nos ajudou a ter uma maior vantagem competitiva perante o mercado, como você vai ver nos próximos capítulos. É por conta dessa premissa que costumamos dizer, com certa frequência, a seguinte frase: "Tratando-se de vendas, me mostre seu ticket médio que te direi quem és". Significa que o ticket médio está diretamente ligado ao valor agregado do produto. Se tem qualidade e diferenciais, certamente você terá condições de ofertá-lo por um preço maior. Nunca se esqueça disso.

Além do mais, desde o início o nosso propósito foi posicionar a Ecoville como uma empresa que oferece soluções que resolvem os problemas dos clientes. Por essa razão, sempre fizemos questão de ouvir consumidores e funcionários. Foi assim que desenvolvemos produtos que caíram no gosto do público.

Em 2009, lançamos o álcool perfumado – o primeiro do Brasil. O produto se tornou um fenômeno regional e, depois, se espalhou pelo país. Também desenvolvemos um limpa-pisos para remover as manchas de pneus das garagens, e um produto para limpar a caixa de gordura, que recebeu o nome de Magia, por ser reconhecido pelos próprios clientes como um produto mágico, já que não era mais necessário colocar as mãos na tão repugnante caixa de gordura.

Naquela época, não fazíamos uma avaliação criteriosa sobre o produto que lançaríamos. As decisões eram baseadas no nosso próprio senso crítico e no feeling.

Hoje, por outro lado, temos um Departamento de Marketing que analisa diversos critérios antes de colocar um produto no mercado: desde os investimentos necessários na indústria até pesquisas que indicam a receptividade do consumidor.

Atualmente, temos um mix de 180 tipos de artigos de limpeza, como alvejantes, amaciantes, detergentes, desengordurantes, limpadores e limpa-vidros, com embalagens que variam entre 500 ml a 5 litros, para atender a pessoas físicas e jurídicas.

Essa fase da vida me faz lembrar de um episódio que passei durante a adolescência e que mostrou o quanto o estudo e a dedicação são irrefutáveis para o progresso. Em 1993, quando estava com 16 anos, participei de um processo seletivo para estagiar na Boley, onde meu pai trabalhava, e fui aprovado. Havia um pequeno detalhe: meu pai seria meu chefe direto.

Assim como costumava agir com qualquer estagiário, no primeiro dia de trabalho, ele me levou a uma sala, me entregou diversas apostilas sobre a empresa e pediu que eu estudasse. O objetivo era que eu pudesse estar mais preparado antes de colocar a mão na massa.

> **"QUANDO A MENTE SE AMPLIA, AS NUVENS SE DISSIPAM E OS PENSAMENTOS FLUEM."**

— Só depois dessa etapa é que você vai para a parte prática — disse.

No chão de fábrica, porém, nada passa em branco. Os meus colegas tiravam sarro. Costumavam dizer: "Olha lá o filhinho do papai. Só estuda". Ainda adolescente, fiquei incomodado com a brincadeira e procurei meu pai para dizer que não queria mais estudar, mas, sim, executar.

No entanto, ele não estava para brincadeira. No dia seguinte, me escalou para fazer um dos piores serviços que havia na empresa: desmontar uma bomba de óleo BPF. Para se ter ideia do que estou falando, isso era pior do que mexer com piche. O óleo era preto e exalava um odor horrível. Fiquei em estado lastimável. Imundo. No final do expediente, meu pai me olhou bem no fundo dos olhos e indagou:

— É isso que você quer para a sua vida?

Ele não tinha nada contra atuar naquela função, mas deixou claro que eu tinha em mãos uma oportunidade para poucos: estudar para seguir em funções mais estratégicas dentro da empresa. Entendi o recado, decidi continuar estudando e ignorei meus colegas.

Por isso, deixo aqui uma dica que tirei desse momento: cerque-se de conhecimento sempre. Ler é fundamental para quem precisa de respostas. Quando a mente se amplia, as nuvens se dissipam e os pensamentos fluem. Foi o que eu e meu irmão sempre fizemos, graças ao grande incentivo que tivemos de nosso pai.

ESTRUTURE UMA METODOLOGIA DE VENDAS

Adote métodos para que o cliente tenha convicção de que seu produto ou serviço tem diferenciais. Use e abuse das táticas que estão dando certo. Nós criamos uma metodologia de vendas própria que envolvia demonstração de produtos, experimentação, abordagem personalizada ao cliente, boca a boca, disciplina de roteiro, dentre outros fatores. Essas técnicas nos ajudaram a buscar a credibilidade de que precisávamos. Consequentemente, nossas vendas explodiram. É por isso que o Lê sempre diz: "A venda transforma a vida". Essa frase se tornou nosso mantra, que, de forma orgânica, também foi abraçado pelos colaboradores. Enfrentávamos um momento cheio de percalços, mas só quando aprendemos a vender foi possível virar a página e reescrever nossa história.

PALAVRA DE MENTOR

O FUTURO DAS VENDAS PASSA PELO VENDEDOR-EMPREENDEDOR

Thiago Concer,
Fundador do movimento Orgulho de Ser Vendedor

O objetivo final de qualquer empresa é comercializar algo – em outras palavras, trocar produtos, serviços, *know-how* etc, por dinheiro. Então, para sobreviver, é fundamental que a empresa conte com bons vendedores.

Entre os vendedores, há diversos níveis e diferentes modelos de trabalho. Há os representantes comerciais, os vendedores CLT, os vendedores de serviços, os vendedores de produtos de alto valor agregado, os de produtos de luxo e assim por diante. E cada um desses perfis exige determinado conjunto de atividades, habilidades e comportamentos específicos.

As pessoas acreditam que saber vender é uma habilidade que nos acompanha desde o nascimento. Mas isso não é verdade. Vendedor é uma profissão como qualquer outra. Não se nasce médico, não se nasce bombeiro, não se nasce fisioterapeuta – assim como não se nasce vendedor. Ser vendedor é utilizar um conjunto de habilidades sobre um conjunto de comportamentos.

Isso significa que qualquer pessoa pode se tornar um vendedor de sucesso? Sem dúvida. Para tanto, o profissional só precisa combinar a sua área de vendas com o conjunto de habilidades que tem. Exemplo: se o seu perfil comportamental é de baixa conformidade – ou seja, é uma pessoa desorganizada, tem dificuldades de concentração, perde o interesse em serviços de médio e longo prazo – e precisa realizar vendas de serviços de longo prazo, existe uma tendência muito grande de você não ser alguém de sucesso.

Você pode até executar, ganhar dinheiro num mês, deixar de ganhar no outro, e assim sucessivamente. Só que, para manter um comportamento que não é natural para você, vai precisar de muito esforço – e isso chamamos de zona de estresse.

Então, talvez as pessoas não deem certo como profissionais da área de vendas porque acreditam que, primeiro, esta seria uma habilidade natural ou, segundo, porque atuam em um segmento no qual elas não conseguem encaixar suas habilidades – aqueles pontos em que são naturalmente fortes – com a atividade da venda.

Então, sim, é possível que qualquer um se torne excepcional vendedor.

E para onde está indo a profissão de vendas? O futuro do vendedor está muito ligado ao vendedor-empreendedor. Acredito muito fortemente na diminuição dos vendedores CLT – cada vez mais, os indivíduos serão pagos pelo seu capital intelectual, ou seja, o quanto conseguem colocar em prática o volume de conhecimentos que têm.

Por isso, o lado protecionista do vendedor CLT, que acaba podando o seu olhar empreendedor, tende a acabar. Daqui para a frente, cada vez mais, para ganhar dinheiro e ser bem-sucedido em vendas, o profissional precisará ter o espírito empreendedor-vendedor.

E, mesmo nos casos em que os profissionais continuem sendo CLT, precisarão que o lugar em que estão comece a ficar pequeno para a capacidade que eles têm de execução. Então, se estamos falando de um vendedor de sapatos, o profissional já sabe que não vai ficar rico nesta atividade. Mas, ao mesmo tempo, ele precisa que aquela loja de sapatos fique pequena para ele. Quer dizer, ele precisa chegar ao teto, ao ponto em que aquele lugar não lhe sirva mais – tem de trabalhar em uma empresa maior, que lhe pague mais, ou ser dono do próprio negócio, seja abrindo um novo negócio ou representando uma outra empresa.

Quando falo vendedor-empreendedor, é aquele que entende que há coisas que ele precisa fazer e coisas que deveria fazer. O que deve fazer é o que o mandam fazer; é o ideal a ser feito caso ele seja um funcionário CLT. E o que precisa fazer é aquilo para o qual ordens não lhe são necessárias.

Voltando ao caso do vendedor de sapatos, a meta dele é vender 1.500 reais por dia, mas a função dele não é entender de gestão ou saber como vender mais do que a meta de 1.500 reais. No entanto, é precisamente isso que irá fazê-lo se tornar o vendedor-empreendedor, o tipo de profissional que irá se manter no mercado daqui para a frente.

Thiago Concer é fundador do movimento Orgulho de Ser Vendedor (OSV), investidor-anjo e especialista em gestão e vendas. Bacharel em Relações Públicas com estudos em Comunicação pela Universidade de Salamanca, na Espanha, possui estudos pela Academia Europeia de Negócios em Madri, extensão em Formação Executiva em Marketing de Varejo, extensão em Gestão de Vendas e é Pós-Graduado em Gestão de Comunicação e Marketing pela Universidade de São Paulo (USP).

CAPÍTULO 5

EQUIPE DE ALTA PERFORMANCE

POR LEONARDO CASTELO

Com uma metodologia de vendas definida, estávamos mais preparados para crescer. Tínhamos fôlego para aumentar a frota, contratar pessoas e treiná-las. No entanto, para ser a maior empresa do estado – o nosso sonho naquele momento –, precisávamos primeiro conquistar Joinville.

Em junho de 2008, analisamos o mapa e concluímos que doze Kombis seriam o suficiente para atender a demanda de toda a cidade. Desta forma, a Ecoville teria um vendedor em um bairro diferente todos os dias da semana; com isso, ganharíamos capilaridade e velocidade na entrega dos produtos porta a porta.

Passamos então a recrutar, em média, um vendedor por mês até formar uma equipe de doze pessoas. Mas era necessário ter ainda mais carros na rua. Além da Bonita, que esteve conosco desde o início da empresa, em 2007, logo que as vendas começaram a engrenar, compramos mais sete carros por meio de um financiamento bancário. No entanto, a quantidade ainda não era suficiente. A saída era encontrar alguém que pudesse nos vender à base da confiança, já que não tínhamos mais crédito disponível.

Na época, conhecemos a proprietária de uma frota de Kombis que prestava serviços para a prefeitura. De tempos em tempos, ela precisava substituir os veículos antigos por novos. Foi em uma dessas mudanças que compramos seis Kombis a prazo. Àquela altura, tínhamos uma frota de catorze veículos – dois a mais para o caso de imprevistos.

Além disso, todos os vendedores eram treinados diariamente com a metodologia que havíamos criado. Em contrapartida, sugestões eram bem-vindas, desde que comprovadamente trouxessem resultados efetivos. Diariamente, portanto, fazíamos reuniões matinais com a equipe para compartilhar as estratégias que tinham vingado no dia anterior. As melhores eram replicadas a todo o grupo. Foi assim que a Ecoville passou a ter um time com um mesmo discurso de vendas.

Começávamos a adotar também a meritocracia: quem entregava mais resultados tinha o direito de usar os veículos mais novos, por exemplo. Era um jeito de motivar a equipe. Também implementamos uma remuneração agressiva e estabelecemos uma comissão escalável. Ou seja, quanto mais vendia, mais dinheiro o vendedor recebia.

Alguns anos depois, em 2016, Caique Lobão, CEO da EPay, empresa de soluções de pagamento pré-pago e um dos mentores da Endeavor, nos disse que quem acerta na remuneração variável do time de vendas tem um negócio de sucesso. Em 2009, fazíamos o correto – sem saber. Entretanto, não acertamos logo de cara. Foi necessário rever a política de remuneração algumas vezes até encontrar a que fosse mais adequada e que, de fato, pudesse engajar o time.

Se você estiver se perguntando como aplicar isso em sua empresa, saiba que não existe um número mágico. É preciso testar e identificar o que verdadeiramente motiva seus funcionários, o que pode variar de acordo com a empresa e o ramo de atividade, por exemplo.

Foi a partir da junção de quatro elementos (metodologia de vendas, treinamento intenso de vendedores, remuneração variável agressiva e o desenvolvimento de novos produtos) que começamos a tirar o pé da lama – literalmente, se lembrarmos do dia em que a Bonita ficou atolada em frente ao galpão.

Vale dizer que foi nessa época que criamos também um grito de guerra, inicialmente com o lema "Foco e disciplina ao nosso cliente", e incluímos na nossa rotina uma oração diária, pela manhã, antes de sair para a rua. Era um ritual simples, mas a partir dele nossa motivação foi sendo cultivada. Sem saber, criávamos a nossa cultura. O jeito de ser Ecoville, baseado essencialmente na capacidade de comemorar e valorizar cada pequena conquista, nascia naquele momento. Nosso sonho estava mais vivo do que nunca, nos sentíamos mais fortes e preparados.

Com as vendas em crescimento, nossa situação financeira também começava a melhorar. Decidimos, então, alugar uma casa e deixar de dormir no galpão. Estava na hora de trazer nossa família para perto. Em meados de 2009, eu e o Lê compramos um cartão telefônico e fomos ao orelhão ligar para minha mãe, que sempre foi a mais resistente em mudar para Santa Catarina.

— Mãe, tudo bem?

— Tudo sim, Léo.

— Precisava saber se você quer realmente vir para Joinville. Porque, se você não quiser, vamos dar um jeito de nos desfazer dos nossos negócios e voltar para Minas. Não faz sentido viver aqui sem vocês.

Estávamos realmente dispostos a voltar, se esse fosse o preço para ter nossa família reunida novamente. Graças a Deus, minha mãe, minha esposa, meu filho e minha cunhada fizeram a mudança definitiva para Joinville. Nossa vida estava completa. Ficaria mais fácil enfrentar os percalços que continuariam dali em diante.

"QUEM ACERTA NA REMUNERAÇÃO VARIÁVEL NO TIME DE VENDAS TEM UM NEGÓCIO DE SUCESSO."

TREINE E MOTIVE SUA EQUIPE

Treine seus funcionários de forma constante para alcançar um resultado de alta performance. Só assim será possível fortalecer uma metodologia de vendas que você considere a mais eficaz para o seu modelo de negócio. Além disso, é preciso criar mecanismos para incentivar os vendedores. Acertar na remuneração variável e criar campanhas que estimulem as vendas, portanto, são ações cruciais. Outro passo importante é se cercar de profissionais que acreditem na empresa e que se sintam, efetivamente, parte dela. É a lógica do intraempreendedorismo. O funcionário sabe que, quanto mais a empresa crescer, mais ele irá evoluir também.

PALAVRA DE MENTOR

A BUSCA POR UMA EQUIPE DE EXCELÊNCIA

Iuri Miranda,
CEO do Burger King do Brasil

Ao recrutar pessoas no mercado de trabalho, uma empresa sabe exatamente o que quer: profissionais com potencial de desempenho, íntegros e alinhados com os valores e a cultura da empresa. Mas será que o candidato conhece aquela empresa, além do que pesquisou pela internet ou do que ouviu de um conhecido? Provavelmente não.

Por isso, ao entrevistar um profissional, eu, particularmente, tenho como premissa identificar muito mais do que sua capacitação técnica. Procuro verificar se, além de força de vontade, o candidato entende a nossa cultura organizacional. Se sim, verifico se suas características se alinham ao ambiente e se realmente somos a empresa que ele procura.

A chance de alguém se frustrar por não saber, exatamente, como é trabalhar em uma determinada organização (já que as peculiaridades mudam de uma para outra e de um segmento para outro) é grande. Empresa e funcionário perdem com expectativas ma-linhadas. Não existe cultura certa ou errada, melhor ou pior. Existe aquela com a qual você se identifica e, por consequência, na qual produz com eficiência.

O Burger King, por exemplo, é uma rede de restaurantes que funciona todos os dias, de segunda a segunda. Nosso pico de vendas ocorre, justamente, quando as pessoas estão se divertindo. O profissional, portanto, tem de estar disposto a trabalhar em horários diferenciados. Além disso, em qualquer empresa de varejo, todos os funcionários são, de alguma forma, vendedores.

Se a função de um colaborador é emitir notas fiscais de produtos que serão entregues para os restaurantes, naturalmente ele é o responsável por oferecer suporte para quem vende. De alguma forma, portanto, seu trabalho interfere na relação com o consumidor. Acreditamos, então, que o profissional deve, preponderantemente, gostar de atuar com vendas.

Também prezamos pela meritocracia e pela remuneração variável – ou seja, os ganhos são proporcionais à performance de cada um. Não há nada de errado em querer uma remuneração fixa e correr menos riscos, mas esse perfil não condiz com aquilo que acreditamos. E o candidato precisa ter clareza sobre essa realidade.

É claro que, para ter uma renda variável justa e que funcione na prática, as metas precisam ser específicas, mensuráveis, atingíveis, relevantes e temporais – método conhecido como Smart. Costumo dizer que para saber se os objetivos estão realmente claros, uma criança de 4 anos deve ser capaz de entender o que está escrito.

Enfatizo também que, para uma seleção assertiva, a cultura da organização não pode se limitar a um quadro pendurado na parede. Ela precisa ser verdadeira, ser vista e sentida. Você só vai formar uma equipe de alta performance se souber quem é sua empresa. Por isso, quando começamos o projeto do Burger King, em 2011, meus sócios e eu nos reunimos para discutir quais valores queríamos e quais tinham mais a ver com as nossas convicções.

O alinhamento da cultura, baseada na meritocracia e na visão de dono, foi o que orientou, a partir daquele instante, o processo de contratação e promoção de pessoas. No início, entrevistávamos, pessoalmente, todos os candidatos aos cargos de liderança, justamente porque queríamos trazer para a empresa pessoas que acreditavam no nosso jeito de ser.

Conseguimos. Uma prova disso é que a maior parte dos cargos de liderança é preenchida por profissionais que já pertencem ao quadro da empresa, ou seja, são colaboradores que não só conhecem a nossa cultura, mas também se sentem parte dela.

Depois de atrair bons profissionais que acreditam na cultura organizacional, é hora de mantê-los motivados. E, como já estamos carecas de saber, não é só o dinheiro que está em jogo. O colaborador precisa sentir que sua atividade tem um sentido e um propósito para a organização – e para a sua vida pessoal e profissional.

O dinheiro, claro, é fundamental para o sustento familiar, mas é preciso muito mais para que as pessoas continuem sonhando e enxergando que são capazes de entregar resultados incríveis. Quando uma empresa chama um colaborador na frente de todos para falar que seu trabalho ajudou a companhia a alcançar um determinado resultado, é uma forma de reconhecimento.

Quando ele é promovido a um cargo de liderança, é outra forma de reconhecimento. As ações de reconhecimento – sejam financeiras ou não – devem estar sempre interligadas, além de valorizar o que é importante e significativo para a cultura. As pessoas precisam se sentir parte do resultado, do desafio e da solução. É o que chamamos de evolução constante. A roda da motivação não pode parar.

Iuri Miranda é natural de Salvador, Bahia. É formado em Administração de Empresas pela Universidade Católica de Salvador (UCSAL) e tem MBA em Direito da Economia e da Empresa pela Fundação Getulio Vargas (FGV-RJ). É CEO do Burger King Brasil desde maio de 2010.

CAPÍTULO 6

A NATURA DOS PRODUTOS DE LIMPEZA

POR LEANDRO CASTELO

Com uma equipe de vendas formada e mais carros na rua, a Ecoville se tornava referência na cidade de Joinville. Mas para alcançar todo o estado de Santa Catarina, ainda tínhamos um longo caminho a percorrer. Precisávamos de uma força de vendas ainda maior. Foi nessa época que fortalecemos a ideia inicial de estruturar a "Natura dos produtos de limpeza".

O plano era abordar vendedores autônomos, que já atuavam no segmento – muitas vezes de maneira informal –, para formar uma rede de revendedores dos produtos Ecoville. No entanto, não seria tão fácil convencê-los. A maioria já vendia seus próprios produtos havia muitos anos, e o método de trabalho com o qual estavam acostumados funcionava. Por que ouviriam uma empresa recém-chegada ao mercado? Seria necessário adotar argumentos sólidos e concretos. Mas nós tínhamos um dado bastante tangível em mãos: o crescimento da Ecoville.

Os próprios vendedores conviviam com a evolução da marca na cidade, justamente pela busca da profissionalização do mercado e pelo fato de a empresa ter se tornado uma fornecedora de soluções aos clientes.

Ao ver nossos resultados na prática, muitos vendedores passaram a acreditar no nosso sonho e a querer fazer parte dele. O mundo pertence às pessoas que fazem, e nós estávamos reinventando o modo de comercializar produtos de limpeza porta a porta.

Foi dessa forma que, ao longo de 2010, captamos sessenta revendedores. Treinamos esse pessoal com base na metodologia de vendas que tínhamos desenvolvido e distribuímos uniformes e crachás justamente para desmistificar a ideia de que o segmento de limpeza porta a porta seria para sempre informal.

Diante da nova realidade, os revendedores passaram a vender mais do que quando atuavam individualmente, ganharam relevância e despertaram o interesse de outros profissionais que, até então, tinham optado por continuar no mercado informal. Foi quando, em 2011, o número de revendedores saltou para quatrocentos.

Nosso propósito era intensificar os treinamentos, especialmente entre os profissionais que queriam fazer a venda de produtos porta a porta o negócio de sua vida. Foi o que fizemos. Adotamos processos semelhantes ao aplicado entre os nossos vendedores, com treinamentos e reuniões regulares. Ao longo dos anos, acompanhamos a ascensão financeira desses profissionais, que deixaram seus empregos em empresas grandes para atuar única e exclusivamente com a comercialização de produtos de limpeza.

Era justamente o que queríamos: que outras pessoas pudessem viver conosco um sonho grande. Foi com a força dos revendedores que conseguimos romper as barreiras de Santa Catarina e ganhar espaço em outros estados, como o Rio Grande do Sul.

O SUPERMERCADO DA LIMPEZA

Com o crescimento da rede de revendedores, enxergamos a necessidade de criar um canal específico para atendê-los. Foi nesta época que tivemos a ideia de abrir uma loja atacadista. O objetivo era atender a revendedores e consumidores finais, com preços diferenciados para varejo e atacado.

Nossa situação financeira, embora estivesse bem melhor, ainda exigia cautela. Não tínhamos dinheiro sobrando para apostar em algo que pudesse dar errado, e a loja precisava, de qualquer jeito, trazer retorno. Ou seja, o plano não poderia falhar em hipótese alguma.

Para isso, seria necessário encontrar um ponto comercial atrativo, o que exigia entender com mais profundidade as peculiaridades do consumidor que optava pela compra de produtos de limpeza em estabelecimentos comerciais. Até então, o nosso conhecimento estava 100% voltado para as vendas porta a porta.

Identificamos, por exemplo, que as pessoas preferem comprar produtos de limpeza indo para a casa, e não quando estão se deslocando para o centro da cidade. Depois de pesquisar diversos imóveis, encontramos em Joinville um estacionamento de 300 metros quadrados no bairro Costa e Silva, localizado no sentido bairro da

Rua Guilherme. O espaço, porém, estava parado havia quase um ano e precisava de uma reforma. Investimos, ao todo, R$ 400 mil para montar a loja. Também compramos gôndolas e computadores financiados em dez vezes.

Foi naquele momento que decidimos manter na fachada o azul e o amarelo, afinal eram as aquelas cores que tinham tornado o tabloide de preços conhecido em toda a cidade de Joinville. Em abril de 2012, inauguramos a maior loja de produtos de limpeza do Brasil, que passamos a chamar de Supermercado da Limpeza. Naquela época, 90% dos produtos vendidos eram fabricados pela própria Ecoville. Atualmente, cerca de 60% são próprios e o restante é homologado de fornecedores terceiros.

Tínhamos pressa em tornar o estabelecimento conhecido pelos moradores. Na Ecoville ainda não havia um marketing interno estruturado. Nosso feeling dizia que o caminho seria a exibição de um comercial de TV em uma emissora local, porém não tínhamos ideia se aquela estratégia era a melhor.

Decidi entrar em contato com o SBT local. O objetivo era marcar uma reunião para falar sobre os custos e os trâmites necessários para a divulgação da nossa marca no canal. O Hermes, do Departamento Comercial, foi quem me atendeu. Na ocasião, ele orientou a contratação de uma agência de publicidade. Uma ação aleatória na telinha, segundo dele, não seria suficiente. Seguimos o seu conselho.

Hermes indicou a Sagra Comunicações, uma agência de Joinville, e agendamos um encontro lá. Explicamos que o nosso objetivo era tornar a loja conhecida na cidade, mas nosso orçamento era limitado e não tínhamos como arcar com valores elevados de publicidade.

A agência desenvolveu uma campanha de marketing impecável com todos os tipos de mídia possíveis para dar visibilidade à loja física, porém descobrimos que seria necessário desembolsar R$ 100 mil – um valor altíssimo para a nossa realidade naquele momento.

Havia, contudo, uma promessa: em três meses, nossa marca se transformaria dentro da cidade. Mesmo com dúvidas de que fosse dar certo, nós topamos. A estratégia de investir em uma campanha mais robusta funcionou e, em dois meses, alcançamos o ponto de equilíbrio que buscávamos. O investimento valeu muito a pena, e até hoje o Supermercado da Limpeza do bairro Costa e Silva se mantém firme e forte.

Nessa época, também convidamos Douglas de Borba, que era gestor de marcas da Sagra, para trabalhar conosco na área comercial. Atualmente, ele é o diretor de operações da Ecoville, um dos principais executivos da empresa.

Ao longo dos anos, inauguramos outras lojas próprias, mas foi um processo bastante complexo. Tivemos que vender alguns estabelecimentos para dar conta do recado, assunto que detalharemos nos próximos capítulos.

TIRA LEITE DAS CRIANÇAS

A Ecoville começava muito bem no varejo, mas havíamos criado um problema. Os vendedores não estavam nada otimistas, já que, para eles, a loja derrubaria as vendas porta a porta. A preocupação era tanta que o novo espaço ganhou um apelido: "Tira leite das crianças".

Alguns dias após a inauguração, um vendedor – membro da nossa equipe até hoje – disse para meu pai que suas vendas seriam prejudicadas, porque o estabelecimento estava localizado na sua rota de atuação. Meu pai, que ficou preocupado com a reação e com a desmotivação que poderia gerar em toda a equipe, prontamente respondeu:

— Essa loja só vai te ajudar a ganhar mais credibilidade perante o cliente.

Era necessário, porém, ir além e comprovar que o argumento fazia sentido. No dia seguinte, meu pai decidiu acompanhar o funcionário no trabalho. Naquele dia, o vendedor vendeu o dobro do que estava acostumado. A razão principal não foi a presença do meu pai, mas o fato de a loja física verdadeiramente ter fortalecido o canal porta a porta.

A fachada da loja tinha ajudado a dar uma identidade à marca. Os consumidores passaram, automaticamente, a associar o estabelecimento aos vendedores que atuavam na porta de suas casas. Apesar disso, sabíamos que seria necessário convencer os demais colaboradores.

Reunimos os doze vendedores da Ecoville em um restaurante e convidamos um especialista para falar sobre vendas diretas. Era Mario Silva, diretor comercial de uma grande empresa de planos de saúde, que atua simultaneamente com lojas físicas e a venda porta a porta. Sempre acreditamos que a saída para se desvencilhar de visões erradas e pensamentos negativos é se cercar de bons mentores. Naquele dia, nossos vendedores passaram a acreditar ainda mais na Ecoville.

Esse episódio comprovou o quanto é fundamental estar próximo do time, principalmente em momentos de mudanças. Os funcionários precisam sentir confiança em você, enquanto empreendedor, e em seu negócio. Só assim terão motivação para continuar a jornada.

As lojas físicas ajudaram a posicionar a marca e a impulsionar as vendas dos demais canais.

© Arquivo pessoal dos autores

"O MUNDO PERTENCE ÀS PESSOAS QUE FAZEM, E NÓS ESTÁVAMOS REINVENTANDO O MODO DE COMERCIALIZAR PRODUTOS DE LIMPEZA PORTA A PORTA."

PESQUISE MUITO ANTES DE ESCOLHER O PONTO COMERCIAL

A tarefa de encontrar um ponto comercial deve ser encarada com seriedade pelo empreendedor. Além de pesquisar as características do público, é preciso saber se o endereço escolhido é o mais assertivo para atrair a clientela. Se os seus produtos ou serviços são voltados para a classe A, por exemplo, e você abrir uma loja em um bairro onde a presença das classes B e C é maior, certamente enfrentará problemas para vender. Antes de definir a localização, portanto, entenda seu público-alvo e pesquise sobre a região. Outro ponto fundamental é identificar se há espaço adequado para carregar e descarregar as mercadorias e quais são as especificações da prefeitura para a colocação de fachadas, por exemplo. As regras podem variar entre os municípios. Além disso, em cidades, principalmente capitais, onde é difícil encontrar vagas para estacionar, a falta de um espaço para o cliente deixar o carro pode ser um impeditivo na hora das compras.

PALAVRA DE MENTOR

COMO MANTER UMA EQUIPE MOTIVADA

João Kepler,
Escritor e investidor-anjo

Manter-se próximo de um time exige muito mais de um líder do que estar presente e distribuir comandos. Vender é uma arte que precisa, assim como todas, do aperfeiçoamento de técnicas. Outro fator importante é o desenvolvimento de métodos e práticas capazes de proporcionar os resultados almejados pelos líderes que idealizaram as estratégias adotadas pela sua equipe de venda.

O papel de um líder de vendas tem muito mais a ver com a sua postura e ações, em detrimento das suas falas ou incoerência. Só assim é possível identificar e estimular o melhor que cada componente da equipe tem a oferecer. Para construir uma relação com base na confiança e no respeito mútuo, é preciso se valer da sinceridade – mesmo em momentos de crises ou ruins para a empresa.

Neste contexto, para que essa relação seja estabelecida e para que os empreendedores e/ou líderes possam estimular suas equipes de vendas, algumas dicas são válidas:

- **Motivação:** Proporcionar o desenvolvimento de um ambiente agradável e um clima favorável entre os colaboradores, além de ajudar a criar e aproveitar oportunidades de treinar a equipe.
- **Coerência:** É fundamental para ser admirado. Um líder nato sabe que precisa fazer o que fala; do contrário, será visto como uma pessoa "pouco confiável".

- **Unidade:** Unir, engajar e comprometer a equipe significa criar um propósito comum, que faça seus integrantes sentirem que todos têm um papel a cumprir.
- **Pessoas:** Não são números de registros ou estatísticas da empresa. Gestores de sucesso aprendem a lidar com as pessoas e a entendê-las e respeitá-las. Ainda mais no universo das vendas, em que é preciso gostar de gente antes de números e metas.
- **Confiança:** Precisa ser mútua, lembra? Isso significa que o bom líder aprende a delegar e a se sentir seguro quanto a isso. Já foi o tempo em que tentar fazer tudo ou omitir informações eram práticas aceitáveis dos gestores.
- **Críticas:** Sempre vão existir, mas para manter a equipe de vendas constantemente estimulada, é necessário fornecer feedback constante e eficiente. Não apenas faça críticas e apontamentos em momentos de erros, por exemplo.
- **Estratégias:** são formuladas, mas não definitivas. Nunca é tarde para perceber que cometeu algum equívoco ou que precisa voltar atrás em um ponto.
- **Metas:** Precisam ser condizentes com a realidade da empresa e com o que você oferece de suporte para que elas se concretizem. Não adianta absolutamente nada projetar expectativas inalcançáveis. Isso só vai frustrar os dois lados e desgastar a relação.
- **Métricas:** São fundamentais para ajudá-lo a mensurar o que realmente está funcionando ou não. Por isso, recorra a sistemas, crie rotinas e esteja atento aos resultados. São eles que vão mostrar para onde ir e como orientar sua equipe em relação aos próximos passos.

- **Paixão:** Precisa se manter acesa! Um líder de vendas sem paixão torna-se um "empurrador de tarefas" e, se for organizado, um burocrata que mantém as coisas nos eixos, mas não gera novos desafios.

Em suma, para se tornar o líder que deseja, deixe de lado o autoritarismo e esteja ao lado de quem faz acontecer no dia a dia no setor; é possível influenciar e inspirar o time de vendas de uma forma natural e crescente. Note que a grande diferença entre o antigo chefe e o moderno líder está na reputação e na imagem construídas junto à equipe. Nesse formato, a equipe sabe que pode contar com ele e que ele domina as técnicas de venda, admira sua postura e seu comportamento, segue seu exemplo. Além disso, os colaboradores se sentem seguros para manifestar sua opinião, pois encontram flexibilidade e compreensão, que são outras características fundamentais para um bom líder.

João Kepler é escritor, investidor-anjo, conferencista, apresentador de TV, podcaster e pai de empreendedores. Especialista na relação empreendedor-investidor, foi premiado por três anos como o Melhor Investidor-Anjo do Brasil pelo Startup Awards. Também é diretor da Bossa Nova Investimentos, que realizou mais de seiscentos investimentos em startups nos últimos quatro anos.

JK está conectado com o que há de mais inovador no mundo dos negócios, por isso é conselheiro de várias empresas e entidades. Autor de seis livros (sendo dois best-sellers: *Smart Money* e *Gestão ágil*), JK dá palestras que inspiram e ensinam, de forma descontraída, como fazer acontecer na prática.

CAPÍTULO 7

O PODER DA MENTORIA

POR LEONARDO CASTELO

No mesmo ano da abertura do Supermercado da Limpeza, decidimos inscrever a Ecoville no programa Extreme Makeover, iniciativa da revista *Pequenas Empresas & Grandes Negócios*, que tinha como objetivo promover uma transformação radical em três empresas. O páreo seria duro: 2.577 empreendimentos de todo o país participavam do processo seletivo.

Até que, em julho de 2012, recebemos a notícia que mudaria para sempre o rumo da nossa empresa. A Ecoville havia sido selecionada e iria receber, durante cinco meses, a consultoria tecnológica e financeira de companhias importantes, como Itaú, Claro, Itautec e Alterdata. Aprenderíamos técnicas para ter uma gestão eficiente, além de estratégias de marketing e vendas.

O que mais empolgou, inicialmente, foi saber que teríamos nossa marca estampada nas páginas da maior revista de empreendedorismo do Brasil. Pura bobagem, puro ego. Até porque, como costumamos dizer por aí, quem tem ego grande tem bolso pequeno.

Descobrimos ao longo dos meses que tínhamos um tesouro muito maior em nossas mãos: as mentorias. A aparição na mídia seria uma consequência do nosso trabalho. Cercarmo-nos de especialistas que conhecem profundamente o mercado foi o que, verdadeiramente, transformou nosso negócio.

O programa teve início em agosto de 2012. Para dar início às consultorias, os organizadores agendaram uma reunião em São Paulo. No dia marcado, um representante de cada empresa apoiadora subiu ao palco. Um deles foi Ladmir Carvalho, fundador da Alterdata, desenvolvedora de softwares.

Ladmir contou que sua companhia crescia em uma velocidade estupenda por ter um time comercial agressivo e altamente treinado. Seu discurso ia ao encontro a tudo aquilo que tínhamos colocado em prática. A intensa qualificação do time foi o que ajudou a Ecoville a virar a chave e começar a vender e ganhar escala.

Quando Ladmir desceu do palco, não pensei duas vezes. Acompanhado do meu pai e do meu irmão, fui até ele e disse:

— Ladmir, tudo bem? Ficamos impressionados com a sua apresentação. Gostaria muito de conhecer sua empresa qualquer dia. Seria possível?

As visitações não estavam previstas no programa, mas o executivo foi gentil.

— É claro. Pegue o meu cartão e me envie um e-mail com três sugestões de datas para vocês irem até lá.

Nós nos despedimos.

Por e-mail, agendamos a visita para cinco dias depois, na sede da empresa, no Rio de Janeiro. Já que comprar três passagens de avião, em cima da hora, sairia bem caro, decidimos ir de ônibus. Depois de viajar durante toda a madrugada, chegamos ao Rio por volta de 7 horas da manhã do dia agendado, e a reunião ocorreria às 8 horas.

Às 7h30, Ladmir chegou à empresa. De cara, aprendemos uma primeira lição. Mesmo à frente de uma companhia com mais de 1.300 funcionários, ele era um dos primeiros a chegar. Liderava por meio do exemplo, e foi assim que a Alterdata cresceu.

O executivo nos atendeu às 8 horas em ponto. Subimos para sua sala, no último andar de um prédio de sete andares – todos os quais tomados por funcionários da empresa. Ladmir nos levou para conhecer os setores da empresa, do comercial ao RH.

Parecíamos crianças indo pela primeira vez a um parque de diversões. A Alterdata tinha um escritório moderno e despojado, bem diferente dos convencionais e de tudo o que já havíamos presenciado até então.

Estávamos empolgados, mas, ao mesmo tempo, aquilo era muito distante da nossa realidade. Começávamos a achar que não fazia o menor sentido termos ido até lá.

No período da tarde, após o almoço, voltamos para a sala de Ladmir. Ele estava realmente disposto a ajudar. Ao abrir o computador, apresentou, sem qualquer receio, um raio X financeiro da companhia. Explicou que, por meio de um único sistema de gestão, conseguia gerenciar os negócios e tomar decisões a distância.

Estávamos impressionados com tamanha capacidade de gestão, mas aquilo não pertencia ao nosso mundo real. Meu irmão, que parecia ter lido os meus pensamentos, comentou:

— Ladmir, mas para você é mais fácil ter esse controle. Sua empresa é estruturada, tem muitos funcionários. É completamente diferente da nossa realidade.

Sem dizer nada, Ladmir retirou da gaveta uma foto antiga na qual apareciam ele e seu sócio embaixo de uma mesa onde passavam um cabo de conexão.

— Está vendo essa foto? Era a Alterdata, há vinte e cinco anos. Naquela época, éramos só nós dois. Mas nós sempre acreditamos que chegaríamos até aqui.

> **"OS BONS RESULTADOS PODEM ATÉ MASCARAR A FALTA DE PROCESSO, MAS SÓ COM PROCESSOS BEM DEFINIDOS É POSSÍVEL PERPETUÁ-LOS."**

Aquela frase arrancou abruptamente a venda que nos impedia de ver um futuro mais promissor e grandioso. Naquele momento, o sonho de conquistar o mercado de Santa Catarina se ampliou. Era perfeitamente possível ir além do que imaginávamos. Ladmir só reforçou aquilo que meu pai sempre nos disse: para tirar os sonhos do papel, é preciso acreditar.

A partir aquele episódio, queríamos mostrar ao Brasil todo, e não somente para a região Sul, um conceito de vendas de produtos de limpeza diferenciado. O contato com o Ladmir e a Alterdata nos levou a uma decisão: abrir uma loja por mês nos seis meses seguintes. Foi o que fizemos.

Porém, durante o Extreme Makeover, descobrimos a necessidade de mudanças profundas na Ecoville. Umas das fraquezas identificadas pelo programa foi a falta de um sistema de gestão unificado, que dificultava o acesso a dados precisos sobre a rentabilidade dos canais de venda e o controle do fluxo de caixa. Justamente por não ter ferramentas adequadas que consideramos, no início, ser impossível seguir os passos da Alterdata.

© Arquivo pessoal dos autores
Mentorias tiveram papel determinante em diversas fases da Ecoville.

Nessa fase aprendemos que os bons resultados podem até mascarar a falta de processo, mas só com processos bem definidos é possível perpetuá-los; caso contrário, tudo o que foi construído pode ruir em um piscar de olhos.

Para lidar com o problema, ganhamos a implementação de um ERP da própria Alterdata. O Enterprise Resource Planning ou Sistema Integrado de Gestão Empresarial, como é chamado em português, é um software corporativo capaz de controlar todas as informações de uma empresa.

A tecnologia nos ajudou a enxergar com mais nitidez os números da organização e fazer uma gestão baseada em indicadores. Dessa forma, melhoramos drasticamente a governança da Ecoville. Estávamos mais preparados e ainda mais convictos de que tudo daria certo.

Os problemas detectados e as soluções apresentadas, após as consultorias do programa, estão listados a seguir[2].

---

[2] MOREIRA, D. Tudo pronto para crescer. Revista *Pequenas Empresas & Grandes Negócios*, [S.l.] ed. 287, dez. 2012. Disponível em: http://revistapegn.globo.com/Revista/Common/0,,EMI325659-17171-1,00-TUDO+PRONTO+PARA+CRESCER.html. Acesso em: 04 ago. 2020.

PROBLEMA	SOLUÇÃO
Sem um sistema de gestão unificado, era difícil ter acesso a dados precisos sobre a rentabilidade dos diferentes canais de venda da empresa e controlar o fluxo de caixa.	Com a implantação do software Conexus – ERP da Alterdata –, foi possível visualizar melhor os números e fazer uma gestão baseada em indicadores como lucratividade e ciclo financeiro.
A empresa estava em ritmo de crescimento acelerado, mas a falta de foco dificultava novas ações. Além disso, as dívidas adquiridas para financiar a expansão traziam riscos para a sustentabilidade do negócio.	Com o apoio de consultores do Itaú, a empresa entendeu que era viável investir no modelo de franquias, mas também percebeu que, antes de apostar na nova frente, deveria reforçar seu caixa e reduzir as dívidas.
O acesso a informações de vendas, tanto no sistema porta a porta quanto nos outros canais, era limitado. Estávamos entre os principais vendedores, o que deixava pouco tempo para que pudéssemos nos dedicar à gestão estratégica.	O uso de smartphones fornecidos pela Claro tornou possível termos um histórico de vendas porta a porta. Também foram criados times externos e de televendas. O controle passou a ser feito com software da Alterdata.
Feitas no sistema Excel, as planilhas de controle de estoque estavam sujeitas a falhas. Os sócios não conseguiam controlar o uso de matérias-primas, nem tinham como acompanhar de perto a entrada e saída de produtos prontos.	Leitores de código de barra fornecidos pela Itautec chegaram com a função de controlar a movimentação no estoque. O software de planejamento de controle da produção, chamado de Nomus, trouxe eficiência para a logística.
A infraestrutura tecnológica era inadequada para o tamanho da empresa, o que limitava as possibilidades de crescimento. Os dados disponíveis estavam descentralizados e desprotegidos.	A Itautec instalou um servidor para centralizar e proteger as informações. Uma nova arquitetura de rede foi desenhada para assegurar a comunicação entre as unidades.

Fonte: Portal *Pequenas Empresas & Grandes Negócios*.

OUÇA OS ESPECIALISTAS

Ouvir profissionais que conhecem o mercado é impreterível para o empreendedor que busca aperfeiçoar seu negócio. Nós, especificamente, tivemos acesso mais fácil a uma rede de especialistas, principalmente por conta do programa da **PEGN** e, depois, por meio da Endeavor. Por outro lado, sempre fomos ávidos por conhecimento. Ao participar de palestras, congressos ou qualquer tipo de evento, sempre aproveitamos ao máximo a oportunidade para nos aproximar de autoridades em assuntos de interesse para a nossa empresa. Costumo dizer que somos caras de pau. Após assistir à palestra de alguém interessante, não temos receio algum em falar com o palestrante e mostrar o quanto gostamos de sua apresentação. Foi assim que nos aproximamos dos especialistas que mais entendem de empreendedorismos no país.

FAÇAS AS PERGUNTAS CERTAS

É importante salientar que, para absorver ao máximo os ensinamentos de uma mentoria, é preciso saber fazer as perguntas certas. Só assim é possível aproveitar de forma prática as orientações. Por isso, antes de entrar em contato com o mentor, o segredo é se preparar. A preparação envolve leitura e pesquisa sobre os desafios que estão sendo enfrentados. A iniciativa ajudará na formulação de questionamentos assertivos que poderão facilitar a busca de soluções junto aos especialistas.

GESTÃO DE A A Z

Ladmir Carvalho,
Presidente da Alterdata

Certamente, o maior papel de um empreendedor é tomar mais decisões corretas do que erradas em sua carreira e, para que isso aconteça, é importante ter elementos numéricos que tragam a realidade dos problemas a serem solucionados.

No passado, os líderes podiam administrar suas empresas com base na sua sensibilidade. Eles tinham tempo para corrigir possíveis erros decisórios mudando processos e métodos por tentativa e erro sem métricas ao longo do tempo, pois a velocidade das transformações permitia esse comportamento.

Atualmente, porém, vivemos numa sociedade que a cada dia se transforma de maneira mais veloz, o que exige que os gestores errem numa taxa muito menor do que no passado. Em contrapartida, vivemos tempos de incertezas e inseguranças, sendo importante a tentativa e o erro com métricas e indicadores.

Então, o jogo de hoje é errar rapidamente para corrigir com velocidade, e isso só é possível com modelos de análise implantados, o que fornece o alicerce para aumentar expressivamente a assertividade nas decisões. Dessa forma, é muito importante que as empresas possuam softwares e métodos de trabalho que garantam que a geração de dados possa se transformar em informações precisas para orientar os decisores.

Para tanto, o gestor precisa saber escolher um conjunto de ferramentas tecnológicas para gerar e concentrar dados com os devidos detalhamentos. Um software modesto demais pode ser insuficiente pela superficialidade com que gera, demonstra e analisa informações. E um software abrangente demais pode engessar a operação, ter um custo de aquisição muito além da capacidade da empresa e ainda gerar um custo fixo mensal alto demais. Assim, é importante que a escolha seja dimensionada para o tamanho da organização, ou seja, de acordo com o grau dos problemas que precisam ser resolvidos.

A título de compreensão, entendo que existem duas vertentes na hora de se adquirir um software, pois pode-se comprar um produto pronto, mas também é possível construir algo sob medida. Em ambas as escolhas, existem coisas boas e ruins envolvidas.

Por um lado, se comprar algo pronto e maduro já existente no mercado, a empresa estará também adquirindo melhores práticas de como outras companhias resolvem os problemas habituais. Estará recebendo um produto que está evoluindo continuamente, pois a empresa de software tem interesse direto em não tornar o produto obsoleto. Além disso, ainda terá as sugestões de melhoria de um universo muito grande de usuários e um custo muito baixo em função de o software ser pulverizado para milhares de empresas.

Por outro lado, precisará ter consciência de que será possível não ter 100% de aderência, pois estamos falando de algo que não foi feito especificamente para a sua empresa, sendo projeto desenvolvido para um uso mais amplo.

A outra opção será contratar um projeto, ou seja, uma empresa para construir um software sob encomenda. Isso significa que esse software poderá ser aderente a

100% do que se precisa, tornando-se assim mais a cara da organização. Entretanto, esta opção pode trazer uma obsolescência grande do produto, pois ele apenas será usado e testado em uma única organização, sendo mais difícil de evoluir na velocidade de que hoje todos precisam. Também terá um custo infinitamente maior do que um projeto pronto, o que pode se tornar um grande problema.

O que entendo ser mais razoável é comprar um ERP, software de gestão padronizado, que já seja maduro e experiente para abranger todas as partes comuns da empresa, o que atenderá a mais de 90% das organizações. Caso alguma área da organização não seja atendida pelo software padrão, aí sim passa a ser interessante contratar uma empresa para fazer uma aplicação sob encomenda e conectada ao ERP central.

Outro elemento fundamental para a escolha correta de uma ferramenta tecnológica é entender a empresa que está por trás da construção dos softwares. É muito comum, no momento da aquisição, verificar a falta de alguma funcionalidade relevante, que certamente existirá no futuro se a empresa de software for estruturada, grande o suficiente para continuar a investir em novas tecnologias.

E, por fim, é primordial entender que o software não é mágico, não funcionará sozinho. É muito importante que haja um processo de implantação estruturado, que tenha o número de horas correto para atender ao tamanho da organização, de tal forma que haja a garantia de que a equipe estará treinada junto com o sistema sendo configurado para suas realidades.

Ladmir Carvalho, presidente e fundador da Alterdata Software, uma das cinco maiores empresas de software do Brasil, com 1,8 mil colaboradores e cinquenta mil clientes ativos. Graduado em Direito, pós-graduado em Direito Empresarial, com MBA em Gestão de TI, já recebeu o prêmio de empreendedor do ano de algumas instituições e tem sido uma referência nacional em palestras de empreendedorismo e comportamento, inclusive tendo palestrado a convite da ONU no evento global em comemoração aos trinta anos do EMPRETC na Argentina.

CAPÍTULO 8

A DECISÃO PELO LICENCIAMENTO

POR LEANDRO CASTELO

Quando recebemos as mentorias do programa Extreme Makeover, ouvimos de um consultor do banco Itaú que a Ecoville tinha grande potencial para crescer por meio da abertura de franquias. Desde então, passamos a acreditar que esse seria o caminho para acelerar a expansão. Porém, sairia caro contratar uma empresa especializada para cuidar de todos os trâmites que envolvem a entrada de uma marca no franchising. Decidimos, portanto, formatar a expansão dentro de casa.

Contratamos um profissional de marketing e desenvolvemos um manual da marca, envolvendo-nos em todos os detalhes. Mas, em vez da franquia, optamos pelo licenciamento. É importante enfatizar que, embora ambos os formatos sejam usados pelos empreendedores para ganhar mercado de forma rápida, existem diferenças latentes.

A principal é o suporte oferecido pela marca. Enquanto o franqueado tem uma rede de apoio que inclui desde plataformas de treinamentos a distância a consultorias de campo, o licenciado não tem acesso a esse mesmo alicerce. Isso ocorre porque o franqueado paga uma taxa para que a empresa franqueadora ofereça o suporte. Em contrapartida, quem licencia não tem o mesmo apoio, justamente por não arcar com esse custo.

Naquela época, acreditávamos que licenciar era o caminho mais adequado, já que o nosso propósito era aumentar a capilaridade da Ecoville e torná-la uma marca mais forte. Nada mais. No entanto, logo descobrimos que seria um baita desafio manter a empresa com a nossa cara por meio do licenciamento.

Identificamos esse gargalo na inauguração da primeira loja na cidade de Guaramirim, em Santa Catarina. Eu, meu pai e Léo decidimos que participaríamos de todo o processo de implantação, desde a escolha de um ponto comercial até a organização dos produtos nas gôndolas.

No dia da inauguração, em outubro de 2012, chegamos ao local no horário marcado. Queríamos saber como seria a recepção do público. Na porta da loja, deparamos com algo que não estava programado. Havia uma churrasqueira e um carro com um porta-malas aberto, cujo som estava ligado no último volume.

Ali entendemos que, se não fizéssemos manuais muito mais rígidos sobre as regras do negócio, não teríamos sucesso na expansão. Não era pelo churrasco ou pela música em si, mas, se as normas não fossem mais claras, os licenciados se sentiriam à vontade para fazer o que bem entendessem. Afinal, era um negócio deles.

Ao mesmo tempo, a procura por pessoas que queriam licenciar a marca Ecoville crescia, e nós não podíamos retroceder. Reforçamos então os manuais de marca. Também criamos um código de ética e de conduta, e mantivemos o projeto de licenciamento.

Em meados de 2013, a Ecoville totalizava vinte lojas licenciadas e a complexidade da operação aumentava. Na época, a fábrica da Ecoville já estava instalada no bairro Itinga, atual endereço.

Àquela altura, era preciso administrar uma indústria, sete lojas próprias, doze vendedores, diversos revendedores e, naquele momento, os licenciados. Diga-se de passagem, eu e o Léo não renunciávamos a nenhuma frente. Nos envolvíamos em tudo. Ou, pelo menos, tentávamos. Por não confiar o suficientemente na equipe, nós três continuávamos à frente de atividades operacionais e não tínhamos tempo hábil para nos dedicar às questões estratégicas da organização.

Foi aí que a Ecoville passou a enfrentar dificuldades de gestão. A venda porta a porta, que até então tinha resultados expressivos, começou a perder performance, porque na prática não conseguíamos estar mais tão presentes na operação. Estávamos extremamente preocupados.

Foi depois de uma conversa com o meu pai e o meu irmão que chegamos a uma conclusão: vender as lojas próprias. Queríamos dedicar nosso tempo à venda porta a porta, que sempre foi nossa grande fonte de receita, e às lojas licenciadas, que nos dariam força de marca.

Além disso, as lojas próprias eram muito visadas, então não seria tão difícil vendê-las. Das sete, ficamos com uma, e, de fato, os estabelecimentos passaram a registrar resultados melhores nas mãos de novos proprietários. Os dilemas do empreendedor, porém, nunca têm fim, por isso costumo dizer que cada fase do negócio demanda uma visão diferente. Reinventar-se o tempo todo faz parte das regras do jogo.

"CADA FASE DO NEGÓCIO DEMANDA UMA VISÃO DIFERENTE DO EMPREENDEDOR. REINVENTAR-SE O TEMPO TODO FAZ PARTE DAS REGRAS DO JOGO."

Com a abertura de lojas licenciadas em outros estados, enfrentamos um novo entrave: as tributações. Não sabíamos como lidar com a complexidade dos impostos que variam muito de uma região para outra. Contratamos, então, uma consultoria para fazer um diagnóstico, que envolvia, além das questões de tributação, a identificação dos pontos positivos e negativos do negócio. O consultor, que mais tarde se tornou um dos profissionais responsáveis por cuidar das finanças da Ecoville, nos deu o seguinte diagnóstico:

— Vocês três estão andando de Ferrari, mas estão com um time usando Passat.

Na visão dele, o nosso ritmo de trabalho era muito mais veloz do que o do restante da equipe. No entanto, identificamos que a culpa da baixa performance dos funcionários era estritamente da empresa. Embora a Ecoville tivesse metas e objetivos traçados, não tínhamos um planejamento integrado que envolvesse toda a companhia. Resultado? Muitos profissionais se sentiam perdidos sobre o que e como fazer.

A implementação de um planejamento estratégico robusto só ocorreu algum tempo depois, mais precisamente em 2016, mas a partir daquele momento entendemos que as metas da empresa não podiam ser impostas – precisavam ser construídas junto aos funcionários.

Quando a Ecoville chegou a quarenta lojas licenciadas, pedimos um novo diagnóstico à consultoria. E outro desafio veio à tona. A empresa apontou que os licenciados da Ecoville estavam com dificuldades para operar seus negócios. Optamos, então, por contratar dois consultores de campo e uma analista responsável por identificar tendências de mercado para dar suporte exclusivo à rede de lojas. O objetivo era treinar os licenciados em diversos aspectos: desde técnicas de vendas a organização dos produtos nas lojas.

Inevitavelmente, assumimos o papel de uma franqueadora, mas essa decisão – de oferecer ajuda aos licenciados – implicava custos extras, já que nós não recebíamos royalties para arcar com essa estrutura. O saldo dessa história não poderia ser outro. Aos poucos, os custos extras começaram a impactar negativamente nossa receita. A Ecoville, que até então era uma empresa altamente rentável e com margens de ganho superiores na comparação com o restante do mercado, começava a se tornar mais uma mera fabricante de produtos de limpeza, sem diferenciais. O modelo de expansão precisava ser revisto.

© Arquivo pessoal dos autores

Em 2015, somávamos 140 lojas licenciadas, a maior parte em Santa Catarina. O sonho de tornar a marca consolidada no estado tinha sido alcançado, mas não do jeito que planejávamos. Estava na hora de mudar, novamente, os rumos do nosso negócio.

As limitações do modelo de licenciamento foram percebidas na prática e o modelo de expansão precisou ser revisto.

REVEJA OS PONTOS POSITIVOS E NEGATIVOS DO SEU NEGÓCIO

Foi a partir do diagnóstico de uma consultoria que a Ecoville enxergou problemas que poderiam ter levado a empresa a um destino catastrófico. Portanto, se o seu negócio não atinge mais os mesmos resultados, é hora de rever suas estratégias. Não postergue a resolução dos problemas. Procure cercar-se de especialistas que possam orientá-lo quanto aos próximos passos. Além disso, jamais tente abraçar o mundo. Não se considere um super-herói. Você vai precisar de uma equipe preparada para que sua empresa cresça de forma sustentável. Um empreendedor sozinho dificilmente evolui.

PALAVRA DE MENTOR

PACOTE DE AÇÕES PARA RETER TALENTOS

Paulo Vieira,
Presidente da Febracis

Manter a motivação das equipes não é uma tarefa tão simples. É essencial, primeiro, se concentrar em atrair talentos, o que passa por oferecer oportunidades de capacitação, crescimento na carreira e remuneração atrativa.

Muito embora algumas empresas, especialmente as pequenas, acreditem que treinar pessoas é um gasto e não um investimento – já que o profissional pode acabar indo embora –, considero essa visão equivocada. O que leva um talento, ou seja, um profissional bem treinado, que gera resultados e resolve problemas, a deixar o emprego é, justamente, a falta de perspectivas.

O funcionário precisa enxergar oportunidades de crescimento. Ao tirar dele qualquer esperança de progresso, é bem provável que ele bata na porta de outra empresa. Portanto, um plano de carreira claro, que apresente a trilha que cada um terá que percorrer para alcançar determinadas posições, é um grande aliado no processo de retenção.

Outro ingrediente para manter pessoas capacitadas é a avaliação de desempenho. Quando uma empresa oferece processos de gestão concretos, a verdadeira performance de cada um não fica somente no campo imaginário. A ferramenta ajuda a medir em números a capacidade de cada colaborador. Constantemente, os chefes podem avaliar questões comportamentais e técnicas, além de acompanhar o desempenho de cada profissional em relação ao grupo, e vice-versa.

O que também conta muito no quesito retenção de talentos é o propósito genuíno de seu negócio. Até porque uma empresa só tem alma e vida quando há um propósito. Ao perguntar a um funcionário da Febracis, por exemplo, o que ele faz, é bem provável que você ouça algumas frases do tipo: salvo vidas, restauro negócios, lido com sonhos. Isso porque não somos simplesmente uma empresa que oferece cursos de coaching. Nosso conceito é muito maior do que o trabalho exercido por cada um.

É claro que a remuneração também é importante para manter a motivação em alta. E, portanto, nenhum empreendedor deve ter medo de pagar bem, mas sim de oferecer bons salários e não saber como cobrar os resultados. Quando uma empresa paga acima da média e cobra o atingimento de metas, objetivos, e, principalmente, que seus colaboradores tenham comportamentos éticos, com certeza formará um grupo seleto de profissionais.

Entretanto, jamais use promoções, benefícios e bonificações como artifícios para mudar o comportamento de funcionários com performances ruins. É um equívoco muito grande achar, por exemplo, que um aumento salarial tornará um profissional mais feliz e preparado. Premiações e bônus extras, por exemplo, devem ter o objetivo de estimular as pessoas certas a continuarem na empresa – e não aquelas que estão desalinhadas aos objetivos. Essas práticas jamais devem ser usadas como instrumentos para tentar modificar comportamentos errados.

Além disso, costumo reafirmar, tanto nos cursos quanto dentro da minha própria empresa, que é preciso ter as pessoas certas nos lugares certos. Conhecer perfis comportamentais e valores e usar esse conhecimento para dar às pessoas os cargos e estímulos corretos pode fazer toda a diferença não só na hora de reter talentos, mas também de deixar seus colaboradores mais felizes e motivados.

Por último, mas não menos importante, se cerque de gestores capacitados. Um bom líder é capaz de ensinar as equipes a lidarem com suas rotinas de forma clara e objetiva. As grandes redes de fast-food, por exemplo, têm universidades corporativas focadas em ensinar os funcionários a organizar seu dia a dia. Esse tipo de iniciativa contribui, significativamente, para o aumento da performance das equipes. Quando temos rotina, nos sentimos mais seguros, porque sabemos exatamente o que fazer.

Enfim, ao ler este texto, e ao lidar com questões empresariais, é fácil perceber que não será com um único ingrediente que sua empresa conseguirá reter talentos. Para atrair e manter funcionários capacitados, motivados e comprometidos com o seu negócio, é necessário mesclar uma variedade de componentes, todos imprescindíveis.

Paulo Vieira é coach, escritor, conferencista internacional e criador do Coaching Integral Sistêmico e do Método CIS, o maior curso de inteligência emocional do mundo. É fundador e presidente da Febracis, Ph.D. em Business Administration e Mestre em Coaching pela Florida Christian University (FCU), além de possuir pós-graduado em Gestão de Pessoas e MBA em Marketing. Como escritor, já tem 10 livros publicados e sua obra mais conhecida, o best-seller *O poder da ação*, já vendeu mais de 1 milhão de cópias, tendo também versões traduzidas para o inglês (*The Power of Action*) e para o espanhol (*El Poder del la Acción*).

CAPÍTULO 9
O FRANCHISING

POR LEONARDO CASTELO

Depois de chegarmos à conclusão de que o modelo de licenciamento precisaria ser remodelado, decidimos partir para o franchising. Com os royalties pagos pelos franqueados, a empresa conseguiria oferecer o suporte necessário para a rede crescer, sem que a margem fosse sacrificada.

No início deste livro, mencionei um curso que fizemos, em outubro de 2015, quando conhecemos a Endeavor. Era o Franchising University, oferecido pela Cherto, uma das mais tradicionais consultorias de franquias do país. O treinamento é considerado o mais completo para quem quer atuar com esse modelo de expansão.

Mesmo com todo o aprendizado, porém, não tínhamos expertise para internalizar o processo. Se na implementação do licenciamento o foco era economizar, agora buscávamos a melhor empresa do mercado para tornar a Ecoville uma franqueadora de sucesso.

Com uma estrutura mais robusta, podíamos arcar com o investimento. E contratamos a própria Cherto para cuidar da formatação. No entanto, eu ainda estava inseguro sobre terceirizar uma das etapas mais importantes da nossa jornada empreendedora. Alguns dias depois de assinar o contrato, liguei para o Marcelo Cherto, o dono da empresa.

— Marcelo, tudo bem? Aqui é o Léo da Ecoville. Queria pedir que desse uma atenção muito especial para o nosso projeto e que cuidasse dele pessoalmente.

— Pode ficar tranquilo, Léo. Os meus consultores são muito melhores do que eu no que fazem.

A resposta do Cherto, profissional altamente especializado no segmento, não só me tranquilizou, como também transformou a forma como víamos as pessoas dentro da Ecoville. Na época, quando já tínhamos compreendido que para atingir a alta performance os funcionários precisavam participar ativamente da construção das metas, decidimos buscar no mercado os melhores talentos em suas respectivas áreas de atuação. Entendemos que só assim alcançaríamos a confiança necessária para nos envolver menos no dia a dia da operação.

Além disso, durante as reuniões diárias, passamos a reforçar que o trabalho desenvolvido por cada um seria o que determinaria o sucesso da empresa. Aos poucos, desenvolvemos uma equipe mais confiante e sólida.

A formatação da Ecoville começou em 2015. A Cherto fez diversos estudos de franqueabilidade, cujas análises, que avaliaram se a empresa tinha capacidade de se tornar uma franqueadora, levaram à conclusão de que havia espaço para a abertura de 4.800 unidades da Ecoville no Brasil. O relatório da consultoria dizia que tínhamos potencial para sermos maiores do que a rede O Boticário. Por mais que acreditar nos sonhos fosse o mantra da nossa família, não esperávamos por aquela notícia. Ela superava, infinitamente, nossas expectativas.

Descobrimos que sonhávamos pequeno perto da grandeza do nosso projeto.

★ ★ ★

Estávamos no começo de 2016 – por sinal, um ano de muitos aprendizados e realizações. Em janeiro, a Cherto finalizou a formatação da franqueadora. Em seguida, iniciamos o processo para tornar a Ecoville uma empresa associada à Associação Brasileira de Franchising (ABF), instituição que representa o setor. O selo da ABF nos daria o direito de participar do maior evento do setor, que ocorreria em julho.

No mesmo mês começava o Programa Promessas Endeavor, atualmente chamado de Scale-up. A iniciativa tem como propósito acelerar modelos de negócios inovadores e escaláveis, a partir de mentorias oferecidas por executivos de grandes empresas.

Em outubro de 2015, fomos escolhidos na seleção regional do programa, em Santa Catarina, depois de participarmos de uma entrevista de mais de duas horas.

Meu pai acabara de fazer uma cirurgia – que, aliás, foi um sucesso – para retirada de um câncer na próstata, quando soubemos que tínhamos sido escolhidos. Foi uma emoção dupla.

A Endeavor é parte do sonho de qualquer empreendedor. Explico o porquê. Além de ser uma organização global sem fins lucrativos que apoia o empreendedorismo em 35 países, ela foi trazida para o Brasil pelo empresário Jorge Paulo Lemann, o 35º do mundo na edição 2019 do ranking de bilionários da Forbes, com um patrimônio estimado em US$ 22,7 bilhões. Outro ponto é que não é nada fácil ser selecionado pelo programa, que chega a receber 5 mil inscrições por ano, sendo que somente 250 projetos são selecionados. Por tudo isso, eu e o Lê estávamos dispostos a dar o máximo de nós.

Quando o Promessas teve início, participamos de um primeiro encontro, com outras dezoito empresas – dezesseis delas de tecnologia. Na época, fiquei assustado com o mindset daqueles empreendedores, que tinham uma inteligência fora do comum e um vocabulário cheio de termos gringos. Me senti em outro país.

Na minha mente, porém, havia um misto de sentimentos. Estava empolgado e disposto a aproveitar ao máximo a experiência. Ao mesmo tempo, cheguei a pensar: *O que estamos fazendo aqui? Será que este é um lugar para nós?* Era sim. Afinal, como costumamos falar pelos corredores da empresa, se fracassar, que ao menos seja tentando fazer algo muito grande. Além disso, quem busca a inquietude nunca fica parado no tempo, porque encontra um mundo cheio de novidades, que o afasta, automaticamente, da zona de conforto.

A Endeavor entrava definitivamente em nossa vida e não poderia ser em um momento melhor. A Ecoville iniciava um processo de expansão acelerado e precisaria, mais do que nunca, ter apoio de quem mais entendia de empreendedorismo não só no Brasil, mas no mundo.

"SE FRACASSAR, QUE AO MENOS SEJA TENTANDO FAZER ALGO MUITO GRANDE."

IDENTIFIQUE O MODELO IDEAL DE EXPANSÃO

Franquear nem sempre vai ser o caminho ideal para todos os tipos de negócio, portanto considero vital para qualquer empresa a elaboração de um estudo que possa verificar qual é o formato ideal de expansão. Não adiantará em nada optar por uma expansão desenfreada, por exemplo, sem identificar antes as peculiaridades da sua empresa e quais são as expectativas de crescimento a médio e longo prazos. Provavelmente, se não fizer essa lição de casa, você jogará dinheiro fora. Recomendo, então, a contratação de uma consultoria qualificada que possa ajudá-lo a traçar o melhor plano de expansão.

PALAVRA DE MENTOR

FRANQUEAR OU LICENCIAR? FRANQUEAR, CLARO

Adir Ribeiro,
CEO e fundador da Praxis Business

Quando me perguntam sobre a escolha entre um negócio franqueado e um negócio licenciado, respondo objetivamente: o modelo de franquias é muito mais bem estruturado e gera mais "valor" para os envolvidos no sistema do que o licenciamento.

Algumas marcas posicionam-se no mercado como licenciadoras e, ao mesmo tempo, como uma espécie de "franquia light", tentando eximir-se da necessidade de dar ao licenciado suporte e informações sobre gestão. Mas, no rigor da legislação, não existe franquia light. No momento em que se propõe a oferecer ao licenciado algum nível de *know-how* sobre o negócio, a marca já é legalmente considerada franquia – e já existe ampla jurisprudência com relação a isso na justiça brasileira.

O licenciamento é regulado pela Lei n. 9.279, de 1996, e oferece uma relação mais flexível para ambos os lados. Licenciador e licenciado não são parceiros de negócio, e o licenciador não tem o mínimo de controle sobre a atividade do licenciado.

Já na franquia, além de o franqueador prestar suporte à atividade do franqueado, há uma série de condições que fazem a relação entre o detentor da marca e o empreendedor-investidor ser mais estruturada.

No Brasil, pela Lei de Franquias – inspirada na legislação dos Estados Unidos sobre o assunto –, os franqueadores são obrigados a disponibilizar aos franqueados a chamada Circular de Oferta de Franquia (COF). Trata-se de um documento jurídico que contém uma série de informações acerca da marca e que serve para o potencial franqueado tomar uma decisão de compra (ou não) da franquia com base nos indicadores de negócio.

Entre outros dados, o caderno técnico oferecido pela franqueadora (COF) deve trazer o balanço, o demonstrativo de resultados da empresa nos últimos dois anos, o modelo financeiro do negócio, o detalhamento sobre o pagamento de royalties e as obrigações a que o franqueado ficará sujeito ao assinar contrato com a marca.

Além disso, a franqueadora também deve enviar ao candidato a franqueado a relação dos franqueados atuais e a relação dos que se desligaram da rede nos últimos vinte e quatro meses. Dessa forma, o potencial franqueado poderá buscar informações sobre o negócio não só com quem faz parte da rede como também com os empreendedores que por alguma razão deixaram de ser franqueados da marca.

Com base nesses dados, o franqueado tem um prazo de dez dias para consultar a família, falar com um advogado, realizar seus estudos de viabilidade e decidir pela compra ou não da franquia. Tudo isso com o objetivo de lhe garantir melhores condições para uma tomada de decisão consciente.

No Brasil, temos o quarto maior mercado mundial de franchising, com cerca de 3 mil marcas[3]. E as razões para a pujança do setor são inúmeras. A principal delas talvez seja o fato de a franquia ser uma excelente porta de

---

[3] FRANQUIAS crescem e se internacionalizam. *ABF Franchising Expo*, São Paulo [2018?]. Disponível em: https://www.abfexpo.com.br/pt/imprensa/noticias-do-franchising-2018/franquias-crescem-e-se-internacionalizam.html. Acesso em: 04 ago. 2020.

entrada para o empreendedorismo – ela possibilita que mesmo aquelas pessoas que não saibam como empreender ingressem no mercado.

A franquia é um jeito de clonar um conceito bem-sucedido. Antigamente, muito antes de o franchising tornar-se um consistente segmento da economia nacional, quem empreendia fazia isso muito mais na "raça". Como ter uma ideia de negócio, realizar um estudo de mercado, analisar erros e acertos na gestão, corrigir rumos, tudo isso sem referência alguma? Sem dúvida, o franchising é uma excelente forma de se iniciar no mundo do empreendedorismo, porque, com o suporte de uma franqueadora, todas essas dificuldades inerentes a quem começa um negócio próprio deixam de ser questões pessoais e passam a ser questões de um grupo de empreendedores: os franqueados da mesma rede.

Ressalva importante: em um mercado cada vez mais competitivo, os franqueados que têm mais sucesso são aqueles cujo comportamento é empreendedor e cuja postura comercial é mais agressiva e efetiva. Ou seja, correm riscos, têm iniciativa, desenvolvem resiliência e trabalham de maneira alinhada ao franqueador. Afinal, toda franquia tem regras que precisam ser seguidas por franqueado e franqueador, o que acaba tornando a relação mais consistente e confiável para ambos os lados.

Adir Ribeiro é CEO e fundador da Praxis Business, especialista em franchising, empreendedorismo e varejo. É também coordenador da Comissão de Fornecedores da Associação Brasileira de Franchising (ABF).

CAPÍTULO 10

VENDEDOR FORA DE SÉRIE

POR LEANDRO CASTELO

Era um sábado qualquer de janeiro de 2016, quando eu, meu pai e o Léo fomos participar de um congresso sobre vendas em Joinville. Um dos congressistas subiu ao palco para falar sobre motivação. Na primeira fileira, porém, um espectador tirava um cochilo de dar inveja. O palestrante notou logo o homem sonolento e, literalmente, pulou do palco e gritou em direção ao rapaz:

— Como você vem para uma apresentação sobre vendas e dorme? Onde está sua motivação? Um vendedor sem motivação não vende.

Tomei um susto com a aquela reação inusitada. Jamais tinha visto nada parecido. Meu pai, que gostou da cena, cochichou com meu irmão:

— Esse cara é bom. Ele precisa trabalhar com a gente.

Ao terminar a palestra, fomos direto falar com ele. Era Neder Kassem, um vendedor fora de série – e você vai entender por quê. Marcamos uma reunião para alguns dias depois, na fábrica da Ecoville. O objetivo do encontro era fazer uma proposta para o especialista treinar o nosso time de vendas.

No dia agendado, eu e o Léo, que já éramos macacos velhos em negociação, notamos que o Neder aplicava um gatilho de vendas atrás do outro, para nos convencer de que ele era o cara certo para treinar nosso pessoal. Se usássemos uma estratégia, ele usava outra melhor ainda. O diálogo reforçava ainda mais o sentimento de que ele era um profissional fora da curva e de que sabia exatamente o que estava fazendo.

Se dependesse do Neder fechávamos uma proposta imediatamente, mas eu, meu pai e o Léo temos um acordo: nunca decidimos nada na emoção.

— Neder, não costumamos fechar nada no mesmo dia. Até porque, tomamos decisões em família, e meu pai não está aqui.

Ele não pensou duas vezes e respondeu:

— Tudo bem. Espero seu pai chegar.

Ele esperou a tarde toda. Por mais de duas horas. Sua insistência valeu a pena. Naquele mesmo dia, acertamos a parceria.

Ele treinou nosso time de vendas por duas semanas, uma verdadeira imersão que trouxe resultados imediatos para a empresa. Depois de comprovar que seus ensinamentos surtiam efeitos práticos, contratamos o Neder para treinar toda a empresa. O nosso propósito era que, independentemente da área de atuação, os funcionários pudessem ter uma visão mais ampla sobre vendas.

De alguma forma, enxergamos que todas as pessoas da organização atuam com vendas. Qualquer um que pisa na bola com o cliente poderá desencadear o que chamamos de "desvenda", termo que usamos para nos referir à situação em que um cliente desiste de comprar por qualquer insatisfação e, pior, ainda carrega consigo uma percepção ruim sobre a empresa.

Se um colaborador do Departamento Financeiro atender mal um cliente que quer tirar uma dúvida sobre sua fatura, ou a colaboradora encarregada de fazer o café parecer antipática na hora de servi-lo, ambos poderão causar uma impressão ruim e desencadear a tal desvenda.

Embora não estejam na linha de frente, esses profissionais fazem parte de um conjunto de fatores que contribuirão para a formação da opinião do cliente – seja ela positiva ou negativa. Decidimos também ampliar a estratégia e estender o treinamento para os 140 licenciados da rede. Os treinamentos ajudaram a aumentar as vendas das lojas significativamente.

É bom lembrar que, embora a Ecoville estivesse ingressando no franchising, não seria nada saudável fazer um mudança abrupta no modelo de negócio. Nosso objetivo era que, aos poucos, as lojas licenciadas se tornassem franquias. Precisávamos, antes, convencer os licenciados de que o formato de franquia era vantajoso e, portanto, fazia sentido capacitá-los.

Com a ampliação dos treinamentos, criamos, além de uma relação profissional, um laço de amizade com o Neder. Havia muita sinergia entre o nosso modo de pensar; por isso, seria um desperdício tirar proveito somente de uma parte dos seus dotes. Ele poderia agregar muito mais à companhia.

Decidi, então, ligar para o Neder. Pedi que ele fosse à empresa para uma conversa. Na ocasião, o convidamos para assumir a expansão da Ecoville enquanto franqueadora. Além de ter mostrado na prática sua capacidade profissional, Neder tinha um excelente currículo. Ele atuou como diretor nacional na empresa de purificadores de água Europa, na qual foi responsável por uma equipe com mais de 4 mil vendedores.

Depois de escutar que tínhamos a intenção de torná-lo executivo da Ecoville, ele me pediu um papel e escreveu:

"Quero uma Land Rover, R$ 75 mil de salário fixo e mais 10% sobre as vendas."

Não acreditei no que tinha lido. Pensei que fosse pegadinha, mas não era. Ao olhar para o meu pai e meu irmão, que também não entenderam aquele pedido surreal, devolvi o papel com a seguinte mensagem:

"Nossa proposta é que 100% dos ganhos sejam com base em resultados, nada mais."

Obviamente, nós não nos acertamos naquele dia. Eu, meu pai e o Léo fomos para a casa com a sensação de que o Neder tinha feito uma proposta utópica, justamente para que não aceitássemos.

★ ★ ★

A Ecoville conseguiu a chancela da ABF em maio, vinte e cinco dias antes da maior feira do setor na América Latina, a ABF Franchising Expo. Na ocasião, tivemos dúvida quanto a participar do evento. Além de a empresa nunca ter participado como expositora em uma feira de franquias, seria necessário correr contra o tempo para dar conta de todos os detalhes. No entanto, decidimos participar.

Tínhamos dois modelos de negócio para apresentar ao público. Ambos continuam existindo. O franqueado pode investir na loja física – com direito a uma unidade móvel para a venda direta – ou na microfranquia, que tem um custo menor. Neste caso, há somente a unidade móvel para a comercialização dos produtos porta a porta.

Em 2020, com a pandemia da Covid-19, lançamos também a modalidade home office: a Ecoville Express, loja compacta de produtos de limpeza, em que o franqueado atua em casa e faz as entregas por meio do sistema de delivery, com o meio de transporte de sua preferência.

Era 16 de junho de 2016, quando chegamos ao evento com um time de expansão minúsculo: eu, meu pai, meu irmão, meu sobrinho (João Vitor) e mais três vendedores. Em uma conversa pelo WhatsApp, tínhamos convidado o Neder para conhecer nosso estande. E ele foi. Chegou trinta minutos antes da abertura da feira e nos chamou para tomar um café lá mesmo.

Depois de um bate-papo casual, perguntou quantas franquias pretendíamos vender em três meses. Imediatamente, respondi:

— Pretendemos vender 85.

Mas não era verdade. O plano era ter vinte contratos assinados em três meses. O número, porém, não impressionou Neder. Pelo contrário, inclusive ele concordou com a nossa proposta inicial (que os ganhos seriam proporcionais aos resultados), desde que 100% da expansão da rede ficasse a cargo dele.

"OU VOCÊ TEM RESULTADOS, OU VOCÊ TEM DESCULPAS."

No entanto, nunca fechamos nada no papel. E não era preciso. Quando a Ecoville se tornou um fenômeno em vendas de franquias, o Neder foi bastante assediado para atuar na expansão de outras marcas. Do outro lado, vários profissionais do mercado também nos procuraram. Nosso acordo verbal, contudo, se manteve de pé, até a morte dele, em agosto de 2017, depois de enfrentar um câncer muito raro nos ossos. Inclusive, foi nessa época que surgiu o nosso desejo de ter uma aceleradora de franquias, o que se concretizou com a abertura da 300 Franchising, em maio de 2019.

Voltamos para o estande e reunimos o time para dar a notícia de que, a partir daquele dia, o Neder comandaria a expansão da empresa. Por conta dos treinamentos, Neder sempre foi muito respeitado pela nossa equipe, por isso o entrosamento foi rápido. De cara, ele implementou diversas técnicas. Uma delas, a princípio, me pareceu muito ousada: pediu para que nós três ficássemos longe do estande e não atendêssemos ao público.

— Se ficarem aqui, não tem o mesmo valor. Vocês devem ser escassos. O time é quem vai atender ao pessoal.

No entanto, não aceitamos a orientação. Eu e o Léo mantivemos o atendimento durante os três dias de evento. Até porque o time era pequeno. Só mais tarde compreendemos a teoria do Neder. O marketing da escassez acontece quando se transmite para o cliente a ideia de que há pouco de um determinado produto. A técnica ajuda a despertar o desejo no público por comprar determinado item ou serviço. Naquela ocasião, os produtos eram os fundadores, ou seja, nós três.

Com a ajuda do Neder, implementamos outras regras ao longo dos anos. Como costumamos dizer, quando se atua com vendas, ou você tem resultados, ou você tem desculpas. Para que as feiras trouxessem os resultados esperados, passamos a adotar as seguintes premissas:

- Toda a equipe deve chegar ao local do evento às 8 horas. O objetivo é que se tenha tempo para se ambientar ao local.
- Uma hora antes do início da feira, realizamos uma reunião com os vendedores para alinhar as expectativas e mostrar como o trabalho de cada um é importante para atrair novos franqueados.
- Reunimos todos para dar o nosso grito de guerra. O ritual ajuda a gerar motivação e entusiasmo.
- Durante todo o evento, os vendedores devem ficar, pelo menos, a 2 metros de distância um do outro. O objetivo é que estejam focados integralmente nos clientes e evitem conversas paralelas.

- Ao abordar pessoas interessadas pela franquia, nossos vendedores devem focar em um *pitch* de encantamento. Três minutos são o suficiente para apresentar o negócio. Mais do que isso, perde-se o foco.

Técnicas implantadas por Neder Kassem foram a base para o crescimento exponencial da Ecoville.

TENHA UM GRANDE LÍDER

O Neder nos impressionou desde o primeiro momento, não só por ser um palestrante fora de série, mas por colocar em prática tudo o que dizia nos palcos. Ele foi fundamental para que a expansão da Ecoville decolasse. Sem suas técnicas, a empresa não teria crescido tanto em tão pouco tempo. Além de tudo, era um profissional inspirador que tinha métodos e técnicas infalíveis para motivar as equipes. O seu trabalho nos mostrou o quanto é fundamental ter líderes (e não chefes), para que o negócio cresça de forma saudável. Um verdadeiro líder é aquele que inspira as pessoas a seguirem seus passos; por isso, a velha máxima de que cada gestor tem a equipe que merece faz todo o sentido. Profissionais mais motivados estão dispostos a entregar o seu melhor, o que reverbera em resultados positivos para todos: líder, equipe e empresa.

PALAVRA DE MENTOR

FRANQUEADOS NOTA MIL

Dorival Oliveira,
Vice-presidente de franquias do McDonald's no Brasil

Ter uma rede de franqueados de alta performance é o sonho de qualquer empresa. Mas é preciso, sobretudo, um forte alinhamento entre franqueador e o candidato a franqueado, antes mesmo de fechar negócio. É imprescindível uma conversa bilateral para que ambas as partes tenham a oportunidade de fazer todos os questionamentos. Os dois, certamente, se beneficiarão dessa conversa transparente: o franqueador conhecerá, com mais profundidade, o perfil do empreendedor interessado em abrir uma unidade de sua marca, enquanto o futuro franqueado entenderá melhor a essência do negócio do qual está prestes a fazer parte.

O interessado em ser franqueado deve se aprofundar na missão, visão e valores da organização e, desta forma, refletir se realmente tem o perfil para fazer parte dela. Do outro lado, o franqueador deve identificar algumas características junto ao candidato. Não é preciso conhecer profundamente o segmento, mas ele está, de fato, motivado em empreender? Gosta de trabalhar com gente? Está disposto a vencer desafios? Acredita no segmento de atuação? Está disposto a vestir a camisa da marca?

Essa etapa de perguntas e respostas é de suma importância, pois existe um risco iminente para ambas as partes quando não há um alinhamento de expectativas. O franqueador pode atrair um empreendedor que não tem o perfil, por exemplo, para lidar com clientes. Já o futuro franqueado pode dedicar tempo e dinheiro de uma vida inteira a um negócio que não vai atender a suas expectativas. Negociações malfeitas podem detonar a vida de pessoas e de empresas. É uma linha tênue.

Também sugiro que, antes de iniciar o processo de expansão, a marca opere uma franquia própria. É o caminho ideal para compreender com mais clareza as dores e os desafios do franqueado. Se isso não for possível, é essencial ter uma relação de proximidade com a rede para identificar fraquezas e estudar estratégias que irão melhorar a qualidade do negócio como um todo e, por consequência, ajudar a fortalecer a marca. Oferecer treinamentos e ferramentas operacionais que irão dar suporte às vendas também são ações imprescindíveis para que os franqueados possam conquistar bons resultados.

Vale a pena enfatizar que, quando uma empresa decide expandir por meio de franquia, o trabalho é feito por muitas mãos. Entretanto, mesmo depois de formar uma rede de franqueados que atenda aos requisitos esperados, as empresas que querem manter a alta performance do seu negócio jamais podem cruzar os braços. É primordial manter o franqueado motivado. Costumo dizer que o foco de qualquer pessoa no âmbito profissional é a possibilidade de crescer. Por que, então, não incentivar o empreendedor – que tem feito um bom trabalho e está capitalizado – a abrir outras unidades? Além de motivá-lo, a abertura de novos negócios despertará em outros empreendedores o desejo de expansão. Ter duas, três ou mais unidades pode ser uma conquista de qualquer empreendedor. Tudo vai depender do empenho de cada um.

Lembre-se sempre: se o franqueado tiver sucesso, o franqueador terá alguma chance de ter sucesso. Em contrapartida, se o franqueado não tiver sucesso, a chance de a franqueadora também não alcançar o sucesso será, certamente, de 100%. Por isso, ofereça todo o apoio e esteja muito próximo da rede: vinte e quatro horas por dia, sete dias por semana. A união faz o sucesso.

Dorival Oliveira tem MBA em Sustentabilidade e Administração de Negócios, e é avaliador e coaching member da Endeavor. Antes de ingressar no McDonald's, atuou como gerente da divisão de motores da Sotreq.

CAPÍTULO 11

ACELERAÇÃO EXPONENCIAL

POR LEONARDO CASTELO

Depois da feira, em 2016, Neder teve a ideia de organizar um evento com o objetivo de efetivar as vendas que não tinham sido concluídas durante o evento. Ou seja, ele convidaria os leads qualificados (pessoas que, de fato, demonstraram interesse em comprar uma franquia, e que tinham perfil para serem franqueados).

Com um jeito mandão, ele dizia que seria no melhor hotel de São Paulo. De preferência o Unique. Inicialmente, não concordamos, porque tínhamos muito receio de investir em algo que não trouxesse resultado. Mesmo com a empresa em crescimento, não dava para perder dinheiro.

Para se ter uma ideia, mesmo naquela época, quando já tínhamos uma vida financeira bastante confortável, fazíamos a maioria das viagens pelo Brasil de carro. Muitas reuniões com clientes eram agendadas de última hora e custava caro comprar duas passagens de avião de supetão. Esbanjar não é e nunca foi um atributo na nossa vida.

O Neder insistiu na ideia, mas diminuiu um pouco o tom. Nos mostrou um orçamento de R$ 10 mil para fazer o evento no hotel Pestana, também em São Paulo, e nos convenceu.

O evento, que ocorreu em um sábado, foi dividido em três períodos: manhã, tarde e noite, e o objetivo era falar sobre a expansão e o modelo de negócios da Ecoville. De manhã, recebemos cinquenta pessoas, mas nenhum contrato foi negociado.

Foi a primeira vez que vi o Neder extremamente nervoso, mas era fácil perceber que ele daria a volta por cima. Nós já não tínhamos mais dúvidas da sua capacidade. Ele reuniu a equipe de vendas e disse que não aceitava o não como resultado. Durante uma hora e meia, ele ficou reunido com a equipe e traçou novas estratégias:

- O coffee break, que estava disponível fora da sala de palestras, foi levado para dentro do espaço de palestras.
- Após as apresentações, a porta da sala foi mantida fechada. Era uma estratégia para que o público ficasse mais tempo no local e a equipe tivesse tempo de abordar as pessoas.

- Também foram escalados vendedores guardiões para ficar na porta e abordar o pessoal que quisesse ir embora.
- Foram criadas condições especiais de preços para que os interessados (que tinham o perfil para entrar na marca) formalizassem o interesse no dia do evento.

Com as mudanças de rota, as novidades vieram. De um total de 25 participantes que foram ao evento no período da tarde, dois assinaram contrato. À noite, de nove convidados, sete fecharam negócio. Naquele sábado, assinamos nove contratos ao todo.

No fim da noite, o Neder me olhou fixamente. Ele nunca me disse, mas tenho certeza de que o seu pensamento era: *Não falei para vocês que esse plano funcionaria?!*

Era pura matemática. Se fizéssemos o mesmo evento durante quatro sábados por mês, a Ecoville venderia 36 contratos de franquia em um mês. E foi o que fizemos. Investimos em novos eventos e vendemos 85 contratos em noventa dias. Neder era, sem dúvida, um vendedor fora de série.

A expansão ia de vento em popa. No entanto, não existe ganho sem dor. Além de tudo, estávamos pisando em solo novo. Tínhamos muito para aprender. Franquear e licenciar são meios completamente distintos de expansão.

Para começar, o franqueado é extremamente ansioso. É questionador e ativo. Ele se sente, de fato, parte do negócio. E é.

Assim, o resultado não poderia ser outro: o nível de cobrança sobre a Ecoville aumentava à medida que as lojas eram inauguradas. E a pergunta do momento era; "Quando o meu negócio vai atingir o ponto de equilíbrio?".

A Ecoville passou a ser tão questionada que chegamos a pensar se a franquia era realmente o modelo adequado para o nosso negócio. Afinal, tínhamos 140 lojas licenciadas e todas iam tão bem. Então, qual era o problema com o novo formato?

No entanto, como sempre tivemos a premissa de nos cercarmos de informações em momentos turbulentos, contratamos uma consultoria para diagnosticar os problemas relacionados ao processo de expansão. A análise mostrou que os franqueados se sentiam inseguros quanto ao sucesso das lojas, pelo fato de não existir até então um histórico de empreendedores que tivessem alcançado altas performances.

Além de as lojas terem sido inauguradas praticamente ao mesmo tempo, a expansão por meio de franquias era recente. Não havia base comparativa.

Por outro lado, seria um tiro no próprio pé colocar as lojas franqueadas e licenciadas no mesmo páreo. Se disséssemos a um franqueado, por exemplo, que um determinado estabelecimento atingiu o ponto de equilíbrio em seis meses, certamente ouviríamos: "Por que estou pagando royalties se o modelo de licenciamento funciona?".

Era uma comparação insustentável. O argumento tiraria a credibilidade do nosso projeto de expansão. A prática, inclusive, nos mostrou que o suporte oferecido pela franqueadora contribui para que as franquias alcancem resultados ainda mais parrudos.

Foi nessa época em que começamos a receber as mentorias do programa Scale-up Endeavor. E não poderia ser em melhor hora. Participamos de duas edições do projeto, em 2016 e 2017, quando fomos apadrinhados por Allan Grossmann, CFO da Beleza Natural, e Caíque Lobão, CEO da EPay. Decidimos aproveitar ao máximo os ensinamentos que receberíamos desses mentores. Modéstia à parte, estávamos entre os que mais questionavam os mentores durante as reuniões.

E nossa inquietação valeu muito a pena. Ao longo do programa, a Giovanna Zattar, analista de Busca e Seleção de Empreendedores, da Endeavor, que era uma espécie de guardiã do nosso projeto, disse que tínhamos grande potencial para nos tornarmos Empreendedores Endeavor. Se loteria não fosse uma questão de sorte, poderia colocá-la em pé de igualdade com as chances de alguém se tornar Empreendedor Endeavor. É como ver uma flor desabrochar no deserto. É raro.

> **"NÃO EXISTE PLANO B. O PLANO B É FAZER O PLANO A DAR CERTO."**

A instituição avalia cerca de 5 mil empresas por ano. Desse total, cerca de 250 – 0,5% – são aceleradas (ou seja, são selecionadas para participar do Scale-up) e apenas 0,1% avança para as etapas que vão decidir os Empreendedores Endeavor do ano. Para tanto, a instituição busca empreendedores que possam revolucionar indústrias, gerar emprego e trazer impacto para a sociedade. Além disso, é uma conquista pessoal, e não empresarial, que levaremos para o resto da vida, independentemente de estarmos ou não à frente da Ecoville.

Ao ingressar no processo para nos tornarmos Empreendedores Endeavor, recebemos também a consultoria de Ricardo Bomeny, presidente do Grupo Bob's; de Juliana Rozenbaum, que já atuou em conselhos de administração de empresas como Arezzo e Itaú; e de Adir Ribeiro, um dos principais especialistas em franquias do Brasil.

Eles identificaram pontos que precisariam ser aprimorados no nosso negócio. Cito alguns dos principais:

- contratação de profissionais mais qualificados;
- criação de processos de gestão;
- intensificação de treinamentos e desenvolvimento de pessoas;
- difusão da cultura empresarial;
- implementação de um planejamento estratégico.

Vale dizer que, além das mentorias, a exigência dos franqueados foi extremamente positiva para a Ecoville desenvolver a robustez necessária para uma aceleração exponencial.

A seguir, o leitor vai conhecer algumas das ações colocadas em prática:

- Diante da pouca disponibilidade de mão de obra especializada no segmento de franquias, a Ecoville passou a buscar profissionais com melhor formação acadêmica, mas precisou investir amplamente na preparação técnica dos novos funcionários.
- A partir do uso da metodologia Falconi, revimos a visão, a missão e os valores da empresa. A humildade apareceu como o item de maior destaque.
- Passamos a usar ferramentas de comunicação interna para reforçar o jeito de ser da Ecoville, que também ganhou força em todas as reuniões de equipe.
- Capacitamos funcionários altamente engajados com a cultura da companhia para serem "evangelizadores" da causa. A ideia era que eles a disseminassem principalmente entre os novos funcionários.
- Passamos a usar métodos para identificar os candidatos participantes dos processos seletivos que fossem alinhados à cultura organizacional da Ecoville – naquele momento, não bastava mais ter apenas uma excelente formação.
- Criamos o conselho para franqueados, depois de identificar o quão importante é tomar decisões em conjunto com a rede.
- Desenvolvemos um planejamento estratégico robusto, por meio do qual foi possível entender melhor o atual momento da empresa e os passos necessários para alcançar determinados objetivos.
- Investimos R$ 12 milhões no parque fabril para atender à demanda das franquias.
- No fim de 2016, mudamos para um prédio de quatro andares, ao lado da prefeitura de Joinville, para operar a franqueadora.
- Decidimos colocar em prática modelos praticados em start-ups. Uma das ações foi permitir que os funcionários trabalhassem descalços. Para isso, foram colocados mais de 800 metros de carpete em toda a empresa, além de armários para que as pessoas pudessem deixar seus calçados. Também pre-

paramos um ambiente com 128 estações de trabalho. Embora naquele momento a Ecoville tivesse somente dez funcionários dedicados à rede, as franquias exigiriam muito mais suporte, principalmente diante da expansão acelerada da empresa. Hoje, com 120 funcionários, a franqueadora está com quase 100% da capacidade preenchida. A reforma, que custou R$ 1,3 milhão, ficou pronta em março de 2017.

- À medida que os franqueados performavam, iniciamos uma ampla comunicação sobre os resultados obtidos, com o objetivo de mostrar aos demais empreendedores que o modelo era promissor.

Fábrica teve que ser ampliada para atender a demanda das novas unidades franqueadas.

APROVEITE AS BOAS IDEIAS

Atuar no segmento de franquias exige grande resiliência do empreendedor. É provável que os franqueados emitam muitas opiniões sobre o modelo de negócio. Não as ignore. Saiba aproveitar as boas ideias. São eles que vão sentir, na prática, se os produtos estão sendo bem-aceitos pelo consumidor, se a logística está funcionando e se a gestão de estoque é eficaz, por exemplo. Com o apoio da rede, você terá diversos insights para operar melhor. Por outro lado, não deixe de acompanhar a performance das lojas. Diante de qualquer problema no ritmo de vendas, não demore para agir.

PALAVRA DE MENTOR

O QUE É MENTORIA E COMO USÁ-LA PARA ACELERAR SEU CRESCIMENTO

Camilla Junqueira,
Diretora-geral da Endeavor Brasil

Para crescer, não há nada mais poderoso do que aprender com a experiência de outras pessoas. Essa é a essência de uma mentoria: o compartilhamento de vivências e aprendizados por quem já passou por aquele mesmo desafio em outro momento da vida. Nessa troca, o mentorado busca orientações para tomada de decisão, diante de um desafio específico que tem vivido no nível pessoal, profissional ou de negócios. Meses de equívocos são salvos com apenas uma hora de conversa.

No entanto, é importante ter em mente que as orientações do mentor ou da mentora não são uma terceirização da sua decisão. Essa figura não é responsável pela decisão tomada ou pelos resultados obtidos. Diferentemente de uma consultoria que é remunerada para realizar um diagnóstico e buscar soluções, o papel do mentor é contribuir com a própria experiência naquele assunto. A decisão de seguir por um caminho ou outro está sempre nas mãos do mentorado. Na Endeavor, nosso papel como organização de apoio aos empreendedores é criar conexões que transformem empreendedores e negócios. Aqui, nós observamos que as mentorias mais marcantes não vêm com respostas prontas, mas, sim, com questionamentos. São as provocações que levam os empreendedores a encontrar seus pontos cegos. Quando uma nova perspectiva surge a respeito daquele assunto, o mentorado tem mais informações sobre as quais refletir antes de tomar a sua decisão.

Por essa razão, saber escolher quem serão seus mentores é fundamental. Um bom mentor ou mentora não precisa ser, necessariamente, uma pessoa com décadas de experiência, pouco acessível. Busque alguém que seja referência naquele assunto sobre o qual você tem desafios e que tenha neutralidade suficiente para lhe oferecer orientações objetivas. Se você busca esclarecimento sobre um assunto no qual seus sócios também serão afetados, por exemplo, busque alguém de fora que possa oferecer uma perspectiva nova. Esse mentor pode estar em outra empresa, outra indústria ou até em outro país.

Nesse sentido, a troca de conhecimentos entre empreendedores que estão vivendo desafios parecidos, por exemplo, pode ser tão rica quanto os ensinamentos de um mentor que já tem uma empresa consolidada no mercado. Uma liderança hoje distante da operação pode não se lembrar mais da realidade de anos antes, quando precisou lidar com determinado dilema em sua história. Portanto, não necessariamente alguém que está muitos passos à frente oferecerá conselhos valiosos, se a questão for mais operacional, e não estratégica. A ajuda pode vir de alguém próximo. Na Endeavor, costumamos dizer que a mentoria é um círculo virtuoso. Quem é grande pode ajudar quem é médio, quem é médio pode ajudar quem está começando e quem está começando pode ajudar quem tem uma ideia.

Estamos em um momento do ecossistema de empreendedorismo no qual a prática de mentoria é mais difundida. Para conseguir uma hora do tempo de alguém, é importante deixar claro o que você espera da conversa. Para muitos mentores da Endeavor, por exemplo, o processo de mentorar é também fonte de aprendizado; entrar em contato com diferentes modelos de negócios, jornadas e perfis de empreendedores enriquece o repertório que têm de negócios e *scale-ups* (modelo de negócios escalável, o que ajuda a sustentar um rápido crescimento). Se o mentor é apaixonado por tecnologias voltadas para o segmento da educação, por exemplo, e o mentorado está escalando uma *edtech* (que são startups do ramo educacional), é provável que a relação continue para além daquela conversa pontual, com um acompanhamento mais próximo e contínuo do empreendedor.

A mentoria é uma grande doação não só de tempo, mas, principalmente, de aprendizados e experiências. Ao abrir espaço na agenda, os mentores emprestam também sua vivência única e valiosa na liderança de negócios de alto crescimento. Ao ajudar um empreendedor a crescer, todo o ecossistema cresce com ele. Assim, o mentorado torna-se, um dia, mentor. A esse ciclo damos o nome de *giveback*. Essa é a essência da Endeavor. Por meio dele, somos decisivos para formar a nova geração de empreendedores que são exemplos para o país.

Camilla Junqueira é diretora-geral da Endeavor Brasil, organização global de fomento ao empreendedorismo de alto impacto presente em mais de trinta países e há dezoito anos no Brasil. Ela assumiu o desafio em 2018, com a missão de promover um ecossistema que estimule cada vez mais o crescimento e o impacto de empreendedores à frente de *scale-ups*.

Em 2019, Camilla foi eleita uma das trinta mulheres mais poderosas do Brasil, pela revista Forbes. Formada em Comunicação Social pela Escola Superior de Propaganda e Marketing (ESPM), também tem formação como Personal & Professional Coach pela Sociedade Brasileira de Coaching. No início da carreira trabalhou em renomadas agências de publicidade como JWT e Fischer America, e teve uma vivência de dezoito meses na Índia, aprofundando seu conhecimento e experiência pessoal no terceiro setor em negócios sociais.

CAPÍTULO 12

SEJA O MELHOR

POR LEONARDO CASTELO

O processo para concorrer ao posto de Empreendedor Endeavor inclui, ao todo, cinco etapas. A penúltima ocorreria em outubro de 2017, em São Paulo. Tínhamos dez minutos para apresentar nosso projeto a uma banca avaliadora formada por especialistas de diferentes áreas, como varejo, franquia, indústria e gestão de pessoas.

Depois de apresentarmos e passarmos por uma sabatina de perguntas, recebemos a informação de que tínhamos sido aprovados para participar da grande final: o Painel de Seleção Internacional (ISP), que ocorreria nas Filipinas, em abril do ano seguinte. Na ocasião, faríamos uma nova apresentação sobre o nosso negócio, mas desta vez para três bancas formadas por especialistas de diversas nacionalidades.

Iniciamos um processo de preparação árduo para enfrentar a reta final. Ao longo dos seis meses seguintes, treinamos todas as possíveis perguntas que poderiam ser feitas pela banca internacional. No entanto, havia um entrave: não falávamos inglês.

Eu e o Lê passamos a praticar o idioma por pelo menos quatro horas, todos os dias, mas seria impossível avançarmos ao ponto de estarmos preparados para fazer uma apresentação em outra língua. Por essa razão, decidimos usar uma estratégia. Gravamos um vídeo com todas as informações sobre o nosso negócio e contratamos uma empresa para legendá-lo. O intuito era exibi-lo no lugar do *pitch*. As bancas, porém, precisariam concordar com a substituição, resposta que só saberíamos no dia do painel.

Se recusassem, ficaríamos em uma saia justa. Isso porque o tempo máximo para apresentação já era bem limitado: dez minutos. Teríamos menos tempo ainda para falar, porque seria necessária uma tradução simultânea.

O Painel de Seleção Internacional tinha duração de três dias. A avaliação final ocorreria no dia 6 de abril. Chegamos a Manila, capital das Filipinas, dois dias antes do início do evento com o objetivo de nos adaptarmos ao fuso horário – a diferença entre o Brasil e as Filipinas chega a onze horas. Ficamos hospedados no Hotel Shangri-La, onde ocorreu o painel. Um lugar exuberante. O carpete, a decoração e o lustres transbordavam luxo e requinte.

No primeiro dia oficial do evento, a Endeavor local organizou uma reunião para falar sobre a programação do painel. À noite, participamos de um jantar com um show pirotécnico. Na ocasião, tivemos a oportunidade de interagir com os mentores que participariam das bancas avaliadoras.

Era uma grande oportunidade, antes da apresentação final, que ocorreria na manhã seguinte, para interagirmos e mostrarmos que éramos, de fato, empreendedores de alto impacto. O que não seria nada fácil, devido à pouca habilidade com o idioma.

Aos trancos e barrancos, conseguimos. Tivemos que contar com o apoio da Giovanna, que se tornou nossa tradutora simultânea, desde a chegada às Filipinas.

Mesmo com todo o contratempo, aprendemos uma grande lição naquela noite. Enquanto contava a nossa história para o avaliador Raoul Oberman, da consultoria McKinsey & Company, o Lê, que costuma ser bastante emotivo quando fala das dificuldades que enfrentamos no começo da Ecoville, chorou, mas imediatamente pediu desculpas pela situação. O avaliador, contudo, ficou bastante comovido e respondeu:

— Você não tem que me pedir desculpas. Se está chorando é porque tem coração, e isso vale muito para o empreendedor.

Foi uma noite e tanto. Após o jantar, fomos para o quarto. Além da ansiedade, ainda não tínhamos nos acostumados com o fuso horário e estava difícil dormir.

Por volta de 6 horas da manhã, eu e o Lê decidimos rever as perguntas que poderiam ser feitas pelas bancas (e que já havíamos ensaiado nos últimos seis meses). O meu irmão, que costuma ser muito sensitivo, fez a seguinte ponderação:

— Léo, e se perguntarem onde vamos estar daqui a quinze anos?

Considerei pouco viável e respondi:

— Olha, Lê, geralmente perguntam sobre os próximos cinco ou dez anos. Acho muito difícil questionarem sobre um período tão longo.

De toda maneira, decidimos elaborar uma resposta. Com base no panorama atual da empresa, fizemos uma projeção sobre o futuro da Ecoville, com número de lojas, faturamento, além de estados e países, especialmente na América Latina, onde estimamos que a empresa esteja presente.

Vale dizer que recebemos uma dica valiosa de um mentor da Endeavor, ainda no Brasil. No momento de responder aos questionamentos das bancas, seria fundamental que conseguíssemos explorar informações diferentes e complementares sobre o nosso negócio. Isso porque, após as apresentações, os especialistas das três bancas das quais participaríamos se reuniriam para discutir opiniões e decidir se estávamos prontos para assumir o posto de Empreendedores Endeavor; portanto, se um deles tivesse alguma dúvida, o outro poderia sanar.

Estudamos até as 8 horas e descemos para o local do painel. A primeira banca teria início às 9 horas, com vinte minutos de duração cada uma (considerando o tempo de apresentação e perguntas).

Para nossa sorte, as três bancas concordaram em assistir ao vídeo.

A fé sempre foi nosso trunfo. Costumo dizer que Deus, mais uma vez, nos deu um empurrãozinho.

Após a última apresentação, surgiu a fatídica questão vinda de Pravan Malhotra, do fundo de venture capital e private equity Malacca Ventures.

— Aonde vocês pretendem chegar em quinze anos?

Estávamos com a resposta na ponta da língua.

Por fim, saímos confiantes da sala, mas sem ter a mínima noção do resultado. Para alguém se tornar Empreendedor Endeavor, é imprescindível que os avaliadores das três bancas concordem que você seja merecedor do título – ou seja, a decisão precisa ser unânime. Bastava um "não" para que o nosso sonho escorresse pelo ralo.

Além de tudo, só saberíamos o resultado no dia seguinte. Obviamente, mais uma vez, não pregamos os olhos. Em geral, um representante da Endeavor – no caso, a Giovanna, que foi quem nos acompanhou desde o início – é o porta-voz da notícia, seja ela boa ou ruim. Sabíamos, por meio de quem já tinha participado do processo, que quando um empreendedor é aprovado a informação chega ao próprio quarto do hotel. Saber disso só nos causou mais ansiedade.

Na manhã seguinte, assistimos a uma palestra já prevista na programação e à tarde recebemos uma ligação para descer até a recepção. Pensamos no pior. Para o nosso alívio, a Giovanna estava lá, visivelmente feliz, para dar a notícia mais esperada dos últimos três anos. Tínhamos, finalmente, recebido a chancela de Empreendedores Endeavor.

Nos abraçamos e choramos. A sensação foi de realização e dever cumprido. É um título que vamos carregar para o resto de nossa vida.

A partir daquele momento, eu e o Lê passamos a pertencer a uma lista seleta de pouco mais de duzentos empreendedores de alto impacto, que geram juntos cerca de trinta mil empregos e respondem por um faturamento próximo a R$ 4 bilhões. Não foi à toa que eu e o Lê tatuamos o logo da Endeavor algum tempo depois.

Após aquela euforia, não dava para deixar aquele país sem aproveitar suas belezas naturais. Decidimos passar três dias na ilha paradisíaca de Boracay. Um merecido descanso.

Alguns dias depois, voltamos para Joinville. Ao chegarmos à empresa, a equipe nos esperava ao modo Ecoville de ser, com muito batuque, grito e cantoria. Nada poderia ser mais gratificante.

PRÊMIO EY

Depois da apresentação do painel final, ainda nas Filipinas, Annette Kimmitt, CEO e sócia do MinterEllison – escritório de advocacia com sede na Austrália – e uma das nossas avaliadoras, disse que tínhamos potencial para receber o prêmio Empreendedores do Ano EY. Considerado o Oscar do empreendedorismo mundial, o título é concedido pela EY, uma das maiores consultorias empresariais do mundo, e que tem como objetivo identificar e reconhecer empreendedores que têm vontade de transformar a realidade do país.

No entanto, a indicação para participar do prêmio tinha que vir de alguém do Brasil. E veio. Alguns dias depois de voltar das Filipinas, recebi uma ligação. Era da EY. Estávamos na lista dos sete indicados para receber o prêmio. A Endeavor foi a responsável pela indicação.

Ao todo, seiscentos empreendedores tinham sido indicados. Só pelo simples fato de integrarmos a lista dos sete melhores seria uma vitória, mas não o suficiente para nós. O objetivo era ganhar. No dia do evento, faríamos um *pitch* de no máximo três minutos. Queríamos estar preparados e confiantes para a ocasião.

No dia 27 de outubro de 2018, embarcamos para São Paulo. O evento seria realizado no dia 30, no Hotel Unique. A lista dos seis concorrentes havia acabado de ser divulgada. Decidimos estudá-la com afinco. Digitamos os nomes de todos no Google, com o propósito de entender suas fortalezas.

A cada página aberta na internet, porém, o nosso astral caía. Todos eram empreendedores fora da curva. A sensação era de que estávamos fracos e que não tínhamos potencial para enfrentar aquele páreo. Aquele sentimento, no entanto, indicava que estávamos perdendo, diga-se de passagem, para nós mesmos. Mas não podíamos nos deixar levar por um momento de insegurança.

Depois de enfrentarmos tantos percalços ao longo dos últimos anos, não era a hora de abandonarmos o mantra que aprendemos durante a toda a vida com o nosso pai: "sonhe, acredite e faça". Precisávamos colocar a mão na massa.

Fizemos uma pesquisa profunda. Entendemos os pontos mais favoráveis de cada concorrente e, assim, preparamos um *pitch*. O objetivo era focar em elementos que não costumavam ser tratados por eles durante palestras e entrevistas. Focamos em como o nosso negócio reverberava em benefícios para a economia do país.

A seguir, um trecho do nosso discurso:

Somos a Ecoville, nascemos em um fundo de quintal. Dormimos por dois anos em um galpão. Passamos por muita dificuldade e, depois de dez anos, nos tornamos a maior rede de lojas de produtos de limpeza do Brasil, com mais de 270 lojas abertas. Fecharemos o ano com trezentas, com capacidade de chegar a 4.800 estabelecimentos nos próximos anos. Mantivemos a "pegada" de abrir mais de dez lojas por mês, geramos empregos diretamente para mais de 1.300 famílias e mais de 6 mil vão ser gerados até 2021.

Depois de uma preparação de três dias, fomos do inferno ao céu, mas chegamos confiantes ao Hotel Unique, no dia 30 de outubro. Na plateia estavam Luiza Trajano, do Magalu, e Romero Rodrigues, um dos fundadores do Buscapé, dentre outras tantas personalidades. Eram os nossos ídolos ali. Sem dúvida, a realização de mais um sonho.

No entanto, a vida trata de nos testar, mesmo quando já driblamos os jogadores e chegamos à área para fazer o gol. Um pouco antes do início, o coordenador do evento nos abordou:

— Pessoal, fiquem tranquilos. Só de participarem deste processo, já é algo muito grande.

Sabe quando somos crianças e alguém diz: "Você vai entrar como 'café com leite' na brincadeira"? Foi assim que me senti. Minhas convicções foram todas embora com aquela frase. Comecei a achar que estávamos fora do jogo. Confesso que fui para o palco menos confiante, mas meus pensamentos sobre não termos ido lá só para participar continuavam.

Fizemos o nosso discurso para uma plateia seleta de empresários e jurados. Ao fim de todas as apresentações, a mediadora convidou José Roberto Nogueira, presidente da Brisanet, vencedor do prêmio no ano anterior, para anunciar o homenageado:

Sem citar nomes de início, o empreendedor disse:

— Os empreendedores do ano de 2018 são uma dupla...

Vale frisar que éramos a única dupla que disputava o prêmio – detalhe que só lembramos depois que os nossos nomes foram divulgados.

Ao subir ao palco, eu me recordei de todos os percalços enfrentados, da paçoca que comíamos no lugar do almoço, da Kombi sem freio e do tempo que dormimos no chão do galpão acompanhados dos pernilongos.

No final das contas, a grande emoção foi saber que tínhamos superado tantos obstáculos e chegado até ali – não intactos, porque passamos por muitas metamorfoses, mas dispostos a enfrentar tudo de novo se fosse necessário.

Depois de alguns meses do prêmio, esbarrei com um dos jurados, que disse:

— O brilho nos olhos de vocês era diferente de todos os outros. Vimos que estavam muito convictos do que queriam.

Lembre-se sempre de que a vontade de se preparar deve ser maior do que a vontade de vencer. Vencer será consequência da preparação.

DAY1

Sabe aquela frase que diz que pensamento positivo atrai coisas positivas? Pois é. Na sequência, fomos convidados para palestrar no Day1, evento organizado pela Endeavor, para que empresários e personalidades contem suas histórias e inspirem outras pessoas.

A responsabilidade era grande. No palco do Day1 já haviam pisado grandes nomes, como, dentre tantos outros: Jorge Paulo Lemann, economista e empresário; Flávio Augusto, fundador do Wise Up; Gustavo Kuerten, ex-tenista; Paola Carosella, cozinheira e empresária; Luiz Seabra, fundador da Natura; João Carlos Martins, pianista e maestro.

O Day1 com a nossa participação ocorreria em abril de 2019. Mais uma vez, tínhamos que nos preparar. Queríamos ser os melho-

Aponte a câmera do celular para assistir à palestra de Leandro e Leonardo no Day1.

res. Fomos orientados por uma coaching contratada pela Endeavor sobre todos os detalhes, desde a postura no palco até o traje que deveríamos usar no dia do evento. Eu, que sempre fui de usar roupa social e sapato com bico, fui orientado a vestir terno azul e sapatênis branco. Um indicativo, segundo a especialista, de um empreendedor moderno e atualizado. Já o Lê, uma camisa social e um mocassim.

Fomos ao shopping comprar o novo traje. No entanto, no dia do evento, levamos uma mochila com tudo aquilo que estávamos acostumados a usar diariamente, para o caso de algum imprevisto.

Trinta minutos antes, me dei conta de que aquele traje não tinha nada a ver com o meu modo de ser. Tirei o sapatênis branco. Calcei o sapato que estava acostumado a usar no dia a dia. O Lê, que trajava uma camisa social e mocassim, colocou sua tradicional polo e o velho sapato vermelho, que, por sinal, poderia ir sozinho a qualquer lugar de Joinville de tão batido.

Agora sim a plateia iria conhecer os verdadeiros Leandro e Leonardo.

Nos posicionamos um de cada lado palco. Entramos abraçados e gritamos com força – ritual que nasceu quando ainda vendíamos os nossos produtos porta a porta.

Com toda aquela energia, conseguimos o que mais temíamos falhar: contagiar o público. A plateia nos aplaudiu, antes mesmo do início da apresentação.

Se o leitor acessar o YouTube para assistir ao vídeo da nossa apresentação, não vai imaginar o sufoco que passamos naquele dia.

O chão do palco era de madeira, e o Lê, que vestia um sapato com uma sola lisa, escorregou. Para que ele não caísse, o segurei firme pelo braço. Jamais deixaria meu irmão – e meu parceiro de vida – levar um tombo em um evento como o Day1. Se fosse necessário, cairíamos nós dois, juntos. Por sorte, porém, consegui erguê-lo.

Além disso, o teleprompter, equipamento que exibe o texto para ser lido no momento de apresentação, parou de funcionar.

Embora estivéssemos ali para contar a nossa própria história – que, obviamente sabíamos de cor e salteado –, o momento era único. Estávamos diante de um público de mil pessoas que nos assistiam da plateia e outras 10 mil que acompanhavam a palestra via internet.

Lembrar tudo não seria tão natural como no dia a dia. Tivemos que improvisar boa parte do discurso. Gaguejamos algumas vezes e perdemos o fio da meada tantas outras, mas a nossa sinceridade pesou. Ao final, fomos aplaudidos de pé.

Prêmio Empreendedores do Ano: reconhecimento aos empresários que trabalham para mudar a realidade do país.

> "A VONTADE DE SE PREPARAR DEVE SER MAIOR DO QUE A VONTADE DE VENCER. VENCER SERÁ CONSEQUÊNCIA DA PREPARAÇÃO."

PREPARE-SE E DEDIQUE-SE ARDUAMENTE

Acreditamos piamente no poder divino, mas ter fé não significa esperar que as realizações caiam do céu. Essa etapa da vida nos mostrou, mais uma vez, que a preparação e a dedicação levam aos finais mais felizes. Não é só uma questão de dom ou inteligência. Gosto de dizer que, independentemente do momento de vida, a humildade é um valor essencial para entender que o jogo nunca está ganho. Sentir-se fraco e impotente faz parte da vida, mas jamais deixe que essas condições o levem ao eterno fracasso. Como diria a música *Volta por cima*, de Paulo Vanzolini: "levanta, sacode a poeira e dá a volta por cima".

PALAVRA DE MENTOR

BUSCA PELA AUTOCONFIANÇA

Joel Jota,
Ex-atleta da Seleção Brasileira de Natação

A autoconfiança é um atributo fundamental para lidar com os desafios do dia a dia, sejam eles de âmbito profissional ou pessoal. Mas, afinal, o que significa essa palavra tão demandada nos últimos tempos? Se você acredita em si mesmo, e é capaz de enxergar as próprias virtudes e competências, é sinal de que é uma pessoa autoconfiante. Em contrapartida, se tem dificuldades para identificar seus pontos positivos, é hora de mudar essa situação.

A confiança está relacionada ao progresso contínuo, em especial à capacidade de colocar pequenas ações em prática. Eu acredito no poder das pequenas decisões, das pequenas ações, e não das grandes. Se você sabe que tem avançado e melhorado em situações rotineiras – seja acordar mais cedo ou fazer quinze minutos de exercícios físicos todos os dias –, é bem provável que se sinta mais seguro e confiante.

Porém, sabemos que nem sempre é simples fazer certas mudanças – mesmo quando não são tão abruptas. Uma grande lição que pude aprender com o esporte é, justamente, a possibilidade de refinar minhas ações a partir da repetição, da rotina e da disciplina. É com esses três pilares integrados que conseguimos conquistar nossos objetivos, sejam eles singelos ou grandiosos.

No livro *Esteja, viva, permaneça 100% presente*, escrevo que foco, disciplina e treinamento são fundamentais para qualquer um atingir seu potencial máximo. Explico o porquê. A clareza sobre o que precisamos fazer nos dá foco, o foco nos leva à disciplina e a disciplina é o que nos garante conquistar resultados. E são esses resultados que nos impulsionam a acreditar mais em nós mesmos. É só quando enxergamos algo concreto que entendemos o quanto somos capazes. Deter conhecimento, portanto, não é o bastante. Para ser autoconfiante é preciso se expor, ir à luta e fazer acontecer.

Além disso, procure identificar o que o está impedindo de conquistar o progresso. Não adianta em nada ter um grande potencial se há diversas interferências pelo caminho – sejam elas internas ou externas, humanas ou tecnológicas – que o impedem de conseguir alcançar o desempenho almejado.

E essas interferências podem estar diretamente relacionadas ao ambiente que vivemos. Quando frequentamos locais onde há pessoas que nos inspiram a crescer e a atingir sonhos, conseguimos desenvolver mais facilmente a autoconfiança. Se, porém, estamos rodeados de gente pessimista e frustrada, ficamos mais inseguros. Por isso, se quiser mudar radicalmente de vida e ser uma pessoa mais confiante, olhe ao seu redor e, se for preciso, mude de ambiente agora mesmo.

Joel Jota foi atleta profissional de natação durante quase duas décadas e inúmeras vezes campeão nacional. Chegou a ser um dos melhores nadadores do mundo. Sua vida é pautada em pilares como disciplina, foco e muito treinamento. Após sua carreira como nadador, Joel se tornou um treinador de alta performance. Treinou mais de mil atletas de nível regional até campeões mundiais. Foi o coordenador-geral do Instituto Neymar por quatro anos e hoje é empresário na área do desenvolvimento humano. Professor, escritor, palestrante, empreendedor e mentor de negócios, já ajudou dezenas de empresas a faturarem milhões de reais. Joel tem uma frase-chave em seu vocabulário: "O sucesso é treinável".

"FOCAMOS EM COMO O NOSSO NEGÓCIO REVERBERAVA EM BENEFÍCIOS PARA A ECONOMIA DO PAÍS."

CAPÍTULO 13

DE MENTORADOS A MENTORES

POR LEANDRO CASTELO

O título de Empreendedores Endeavor, a participação no Day1 e o prêmio que recebemos contribuíram para que ganhássemos maior notoriedade como empreendedores. Se até então nosso papel era de ouvintes, eu e o Léo passamos a ser procurados por empresários e executivos que estavam em busca de orientação para ampliar as vendas de seus negócios. No entanto, estávamos reticentes. Não queríamos assumir esse posto, porque a Ecoville não era uma empresa especializada em expansão.

Até que, certo dia, o Léo recebeu a ligação de um antigo gerente de marketing da Ecoville. Ele havia sido convidado para trabalhar na Calzoon, rede fundada em Joinville há mais de vinte anos, e que atua com a venda de sucos e calzones. A missão era expandir a marca, que, até então, tinha doze lojas. Inicialmente, ele pediu ajuda para formular uma proposta salarial. A negociação com a empresa deu certo, mas, além da expansão, o marketing e a operação da Calzoon também passaram a fazer parte das suas atribuições.

Depois de um ano de poucos resultados, ele procurou novamente o Léo. Queria uma mentoria para acelerar a expansão, já que, até então, só tinha negociado a venda de duas franquias. Na época, meu irmão, que havia detectado qual era o entrave para o crescimento, deu a seguinte orientação:

— Você tem muitas atribuições na empresa e não consegue ter foco em venda. E um vendedor só vende, não faz outra coisa. Caso contrário, sem chances de ter algum resultado.

Era fim de 2018 quando, por intermédio desse profissional, agendamos uma conversa com o próprio fundador da marca, Bruno Jerke. O empreendedor queria que atuássemos na expansão. Ao enxergar que tanto ele como a marca tinham alto potencial de crescimento, decidimos assumir o desafio.

Expliquei que a rede de franquias da Ecoville havia crescido rapidamente – tínhamos vendido, em média, uma franquia por dia, em três meses. Ao aplicar a mesma metodologia de vendas, certamente a Calzoon avançaria nesse mesmo ritmo.

Perguntamos ao Bruno se estava preparado para uma expansão agressiva, e ele disse que não. Sábia decisão. Crescer é doloroso e não é sempre que estamos preparados para enfrentar esse processo. Entretanto, quem espera muito pode ser atropelado pela concorrência.

Três meses depois, tivemos outra conversa. Bruno estava, finalmente, disposto a ir além. Negociamos durante dois meses, e em maio de 2019 eu e o Léo nos tornamos oficialmente sócios da Calzoon.

Faltava pouco para a maior feira do setor, a ABF Franchising Expo. Participar do evento, em 2016, foi primordial para a Ecoville dar o pontapé no franchising e captar os primeiros franqueados. Não podíamos perder essa chance com a Calzoon.

Mesmo em cima da hora, optamos por levar a empresa para o evento. Dividimos uma parte do time de vendas Ecoville para atuar exclusivamente com a marca. Além disso, disponibilizamos um quarto do nosso estande para a empresa. Bingo! Em vinte dias, vinte franquias vendidas. A Calzoon chegou a julho de 2020 com 184 contratos assinados. Foi um fenômeno de vendas.

Durante a feira, eu e o Léo aproveitamos para estudar outras franqueadoras do mercado. Notamos que muitas delas tinham um nível de governança básica e um projeto promissor em mãos, assim como a Calzoon. No entanto, muitos empreendedores não sabiam como expandir seus negócios.

Decidimos atacar esse nicho e abrir uma empresa focada em acelerar franquias: nascia, em meados de 2019, a 300 Franchising. O propósito é se associar aos projetos com alto potencial para alcançar, no mínimo, trezentas unidades, assim como a Calzoon; por essa razão, a escolha do nome.

Além disso, antes de selecionar os empreendedores, estabelecemos alguns critérios a que eles devem atender, alguns dos quais descrevo a seguir:

- Devem ter valores parecidos com os nossos, ou seja, devem sonhar e acreditar que o seu projeto tem potencial para ser escalado.

- Precisam ter disposição para crescer e enfrentar as dores desse processo. Até porque, depois que o projeto de aceleração é iniciado, não dá mais para colocar o pé no freio. É um passo que exigirá investimentos elevados, principalmente, com a contratação de equipes de alta performance.
- Têm de atuar há pelo menos dois anos no segmento de franquias, considerando que não é de uma hora para outra que entenderão como funciona o franchising (e nós buscamos empresários que já conheçam com mais profundidade esse modelo de expansão).
- Devem possuir acima de dez franquias em operação.

Com a 300 Franchising, começamos a despertar grandes sonhos adormecidos pelo tempo. Empresas familiares, com mais de vinte anos de mercado, passaram a buscar o nosso apoio para a expansão. Empreendedores que estão se inspirando na nossa história para construir a deles. Uma baita responsabilidade.

Depois da Calzoon, as marcas Mais Top Estética, Asia Source, Eyelash Fio a Fio, 10 Pastéis, DNA Natural, Oca de Savóia, Academia Washington, Touareg Seguros, Team Nogueira e Nails2You passaram a ser aceleradas pela *holding*. Em um ano, nos tornamos sócios de 25 marcas.

Além das franqueadoras aceleradas pela 300, passamos a ter mais tempo para pensar em novos projetos que pudessem ganhar escala e crescer de forma exponencial. Foi aí que vislumbramos uma oportunidade de começar a estruturar um negócio do zero: a Melt & Co., um conceito inovador de loja que atuará com a venda de fondues e sorvetes.

Ao estudar o mercado, identificamos que não existiam concorrentes que comercializavam os dois produtos. Chegamos à conclusão de que oferecer as duas sobremesas seria uma forma de driblar a sazonalidade do setor, especialmente de sorvetes, que sofre com a queda abrupta de vendas durante o inverno.

Para ingressar nessa empreitada, convidamos Gean Chu, um dos fundadores da Los Paleteros, empresa que trouxe as paletas mexicanas para o Brasil.

Gean foi eleito um dos trinta jovens prodígios do Brasil pela revista *Forbes*. Além de criar um império (a Los Paleteros se tornou a quinta maior empresa de sorvetes do Brasil), conseguiu reinventar seu negócio depois que viu brotar no país milhares de concorrentes com modelos similares. O objetivo é franquear a marca ainda este ano.

Algumas das viradas de chave mais importantes do nosso negócio até aqui são as seguintes:

- 2011: início da formação da rede de revendedores.
- 2012: abertura da primeira loja.
- 2012: licenciamento da marca.
- 2016: entrada no franchising.
- 2019: abertura da 300 Franchising.

300 Franchising: aceleração de redes com potencial para atingirem ao menos 300 unidades.

"CRESCER É DOLOROSO E NÃO É SEMPRE QUE ESTAMOS PREPARADOS PARA ENFRENTAR ESSE PROCESSO. ENTRETANTO, QUEM ESPERA MUITO PODE SER ATROPELADO PELA CONCORRÊNCIA."

IDENTIFIQUE SE ESTÁ PREPARADO PARA CRESCER

Para quem está buscando caminhos para acelerar o próprio negócio, é fundamental, antes de tudo, fazer uma autoanálise. Embora seja algo que qualquer empreendedor busque, o crescimento traz uma série de desafios, e nem sempre estamos dispostos a enfrentá-los. Você vai precisar, por exemplo, investir mais dinheiro, se dedicar mais (naturalmente, o volume de trabalho será bem maior), aprender a lidar com críticas e opiniões vindas de todos os lados e a preparar sua equipe para enfrentar uma nova realidade empresarial. Por isso, é muito importante identificar se sua hora de crescer realmente chegou, mas cuidado para não deixar que seu negócio seja engolido pelo tempo e pelos concorrentes.

PALAVRA DE MENTOR

CRESCER COM RESPONSABILIDADE

Rony Meisler,
CEO da Reserva, marca de roupas brasileira

Costumo dizer que empreender é como tentar empurrar uma pedra de uma tonelada. O esforço inicial necessário para tirá-la do lugar é imenso. Porém, à medida que ela gira, a própria aceleração motora torna todo o processo mais fácil. Quando se decide abrir a própria empresa, a lógica é praticamente a mesma.

Obviamente, qualquer empreendedor respira crescimento, ou, pelo menos, deveria. Mas isso não significa sair por aí, sem um rumo certo. É preciso, sim, fazer com que a roda dos negócios ganhe velocidade e gire sozinha, mas não a ponto de torná-la incontrolável. Até porque, perder o controle pode ser fatal no mundo do empreendedorismo.

Alavancar a empresa a partir de dívidas bancárias, por exemplo, é um dos erros que mais levam empresas a derrocada. Se para manter uma vida saudável, o indicado é se alimentar de acordo com a necessidade diária do corpo e não até passar mal, o mesmo ocorre com uma organização. Não adianta se comprometer com empréstimos que sua empresa não terá capacidade financeira de absorver.

Quando, em 2004, eu e meu sócio, Fernando Sigal, fundamos a Reserva – inicialmente com a venda de bermudas –, não tínhamos dinheiro sobrando. Entendemos, portanto, que se começássemos a empreender com a abertura de uma loja própria, quebraríamos, já que seria necessário buscar recursos junto aos bancos para montar algo físico. Foi aí que encontramos uma saída: ligar para as lojas multimarcas localizadas no interior dos estados brasileiros, apresentar nosso produto (e, principalmente, o nosso sonho de nos comunicar por meio das roupas) e torcer para que houvesse interesse em vendê-los. A tentativa deu certo.

Mas só em 2006, quando nossa marca se popularizou por oferecer produtos inovadores e criativos, abrimos a primeira loja, no bairro de Ipanema, no Rio de Janeiro. Hoje, além de 67 estabelecimentos próprios, nossos produtos estão presentes em mais de 1.500 multimarcas. Foram elas, aliás, que nos ajudaram a financiar a expansão da Reserva. Portanto, costumo dizer que para crescer de forma sustentável é preciso ser financeiramente responsável, reinvestindo ganhos e valorizando cada centavo.

Além disso, é preciso seguir sempre com os valores que te trouxeram até aqui. Se por dinheiro sua empresa tem feito concessões que antes não fazia, é um sinal de que as coisas não vão nada bem. Até porque todos os propósitos construídos serão, certamente, colocados em xeque. Seus *stakeholders* (ou seja, os diversos públicos com quem se relaciona) perceberão essa mudança de comportamento. É provável, por exemplo, que o engajamento da equipe caia e os consumidores passem a enxergar menos valor em sua marca. Acredite, é o começo do fim.

Outro ponto fundamental é atrair pessoas que tenham o mesmo propósito que os de sua empresa. Caso a pedra empaque no meio do caminho, a solução será profissionais qualificados e competentes que ajudarão a empurrá-la novamente até que volte a girar. E, para que isso ocorra, é essencial criar mecanismos que coloquem todos os profissionais em sintonia.

Em um pequeno negócio, a comunicação entre pessoas é certamente mais fácil, porém, à medida que o negócio cresce, o fluxo de informações fica mais complexo. Lembre-se, uma empresa é tão somente a sua capacidade de comunicação. Assim, quanto melhor os líderes souberem se comunicar com suas equipes, maior será o alinhamento dos profissionais com os propósitos e valores da empresa. Todos estarão em uma mesma página.

Também é fundamental desenvolver iniciativas para que os funcionários se sintam reconhecidos e como parte do negócio. É por acreditar nessa premissa que desenvolvemos o programa "Notáveis". A partir dessa ação, os colaboradores com a melhor performance podem ser tonar sócios da empresa. Durante a pandemia, o quadro de sócios da Reserva saltou de 11 para 29. Significa que o engajamento continua a todo vapor, mesmo diante de todos os percalços. Nesse sentido, nós entendemos também que o funcionário é o melhor propagandista de nossos produtos. Uma prova disso é que, anualmente, investimos 3% do nosso faturamento em ações de endomarketing, já em publicidade externa, a fatia é de 1%.

Por fim, crescer não é tão fácil, o empreendedor será surpreendido por diferentes problemas, que vão de dificuldades logísticas a falta de mão de obra. É como levar um soco na cara todos os dias. Se não existir paixão e alinhamento com os propósitos que o levaram a empreender, ficará tudo mais difícil.

Rony Meisler, além de sua atuação no grupo Reserva, realiza palestras em grandes painéis de inovação, preside de maneira voluntária o movimento Capitalismo Consciente™ no Brasil, é membro do Instituto de Desenvolvimento do Varejo (IDV) e do conselho consultivo da Associação Brasileira da Indústria Têxtil. Sua empresa já foi reconhecida como uma das mais inovadoras do mundo pela revista *FastCompany*, e ele, reconhecido como Gentleman of the Year, promovido pelo Fashion 4 Development, que tem à frente a embaixadora da ONU Evie Evangelou. Rony também é autor do livro *Rebeldes têm asas*, escrito em parceria com o jornalista Sergio Pugliese. Lançado em agosto de 2017, a obra se tornou best-seller, na categoria não ficção do portal PublishNews.

CAPÍTULO 14
PLANEJAMENTO
POR LEANDRO CASTELO

É fundamental lembrar que só tivemos fôlego para nos dedicar à 300 Franchising porque compreendemos a importância de desenvolver um planejamento estratégico robusto e contratar bons profissionais. Entretanto, nada aconteceu de uma hora para outra. Se não fossem as mentorias recebidas ao longo de todos os anos e a humildade para compreender os erros, certamente não alcançaríamos a maturidade necessária para continuar tocando com assertividade os nossos negócios.

No final de 2016, quando começamos a participar do programa Promessas Endeavor, recebemos a mentoria de Allan Grossmann, CFO da Beleza Natural, que nos orientou a desenvolver um plano estratégico integrado. Embora já tivéssemos um plano de metas para a Ecoville, faltava algo mais robusto que nos guiasse para o futuro. Para desenvolvê-lo, passamos a reunir profissionais dos principais departamentos da companhia, como Recursos Humanos, Financeiro, Controladoria, Comercial e Indústria, durante três meses do ano: outubro, novembro e dezembro.

Nessas reuniões, cada área passou a ser responsável por analisar e entender como daria apoio para os planos futuros da companhia. Se a área comercial estimasse um crescimento de 50% nas vendas para o próximo ano, por exemplo, a indústria precisaria identificar se as máquinas atuais dariam conta do aumento da produção, e o RH se o perfil e o número de vendedores eram adequados para dar o suporte necessário para que as metas pudessem ser atingidas.

Além disso, por muito tempo nosso objetivo foi crescer e ganhar mercado e, por isso, o planejamento orçamentário não era tratado com tanta veemência. A partir das orientações do Grossmann, começamos a entender a importância de agregar ao planejamento estratégico pontos cruciais, como os investimentos previstos para os próximos anos e os resultados proporcionados por cada canal de venda.

As áreas também passaram a ter consciência sobre o limite de gastos, além das metas que precisariam atingir no próximo ano. Por terem clareza sobre os próximos passos, as equipes ganharam autonomia e, portanto, o peso das decisões sobre os executivos diminuiu substancialmente.

A direção pôde focar mais em pontos estratégicos e menos nos problemas operacionais. Em contrapartida, não acertamos de cara. Aliás, a cada ano aprendemos e amadurecemos mais. Em 2016, no primeiro ano de implementação do planejamento estratégico, o índice de erros (ou seja, as ações que não conseguimos colocar efetivamente em prática) foi de 20%. Já em 2017, conseguimos reduzir esse percentual para 15% e, em 2019, para 10%. O objetivo é que essa fatia seja cada vez menor.

É possível perceber que uma empresa está no caminho certo justamente quando a capacidade de execução do planejamento estratégico cresce. No entanto, isso ocorre não porque há súditos que acatam sem pestanejar o que é dito pelos superiores, mas, sim, porque as metas são construídas em conjunto com as pessoas. Isso significa que os funcionários sabem exatamente o que fazer, para quem fazer e por que fazer. Elas precisam compreender seu papel dentro do todo e sentir efetivamente que são peças fundamentais para que o quebra-cabeça da empresa esteja completo.

Outro ponto de partida foi focar em líderes que pudessem perpetuar esse sentimento de intraempreendedorismo. Em 2018, quando recebemos o título de Empreendedores Endeavor, iniciamos uma nova rodada de mentorias com profissionais do mercado, que consistia em abordar objetivos macro e futuros da organização. Com o apoio dos mentores, elaboramos um *roadmap*, que é basicamente um mapa com os caminhos que a Ecoville irá trilhar nos próximos anos e os ajustes necessários para alcançar os resultados almejados para o futuro.

Dentre os diversos aspectos apontados, um nos exigiu maior atenção. Para continuar crescendo, o processo de gestão de pessoas precisaria ser aperfeiçoado, o que exigia a contratação de líderes experientes para assumir as funções mais estratégicas da companhia. Embora a Ecoville tivesse profissionais tecnicamente preparados, a empresa estava carente de visões mais amplas do mercado.

Naquele ano, contratamos Adriana Janaina Marcon, que tinha atuado como executiva na atual AB Inbev, para o cargo de diretora de gente e gestão. Ela cuidou diretamente do recrutamento dos demais executivos. Foi após a sua chegada que Lineu Bueno, ex-diretor industrial da Bombril, e Rildo Pinheiro, que havia atuado como diretor financeiro na Codema Comercial e Importadora – do Grupo Scania, passaram a fazer parte do corpo diretivo da Ecoville.

Os novos profissionais, alinhados a um plano estratégico integrado cada vez mais eficiente, nos ajudaram a colocar a empresa em outro patamar. Embora tivéssemos aprendido que tempo é uma questão de prioridade, esses dois elementos nos deram mais fôlego e tranquilidade para que pudéssemos cuidar das estratégias da companhia e, portanto, olhar para novos projetos. Até porque, nossos sonhos nunca terminam.

Da esquerda para a direita: Leonardo, Edmar e Leandro. Com planejamento estruturado, o trio conseguiu se dedicar mais à estratégia e menos à operação.

"É POSSÍVEL PERCEBER QUE UMA EMPRESA ESTÁ NO CAMINHO CERTO JUSTAMENTE QUANDO A CAPACIDADE DE EXECUÇÃO DO PLANEJAMENTO ESTRATÉGICO CRESCE."

CONFIANÇA NÃO É SÓ INTUIÇÃO

Mais do que confiar nas pessoas, é preciso, sobretudo, ter elementos e ferramentas que ajudem na criação desse laço de confiança. Além da contratação de executivos de alta performance, a construção de um planejamento estratégico integrado, desenvolvido a partir da colaboração dos próprios funcionários, nos encorajaram a focar muito mais nas questões estratégicas da organização e menos no operacional. É por isso que costumo afirmar que a estruturação de processos bem definidos e a contratação de talentos são fundamentais para adquirir a confiança necessária nas pessoas. Não é só intuição.

PALAVRA DE MENTOR

CONSTRUÇÃO CONSTANTE

Luiza Helena Trajano,
Presidente do Conselho de Administração
do Magalu

Não tenho dúvida de que o planejamento estratégico é uma necessidade e um farol fundamental para toda empresa projetar aonde quer chegar e como alcançar seus objetivos. Dito isto, confesso que meu modo de lidar com planejamento estratégico não é mecânico, como se fosse uma lei que deve ser seguida e que impede grandes oportunidades de inovação e criatividade da equipe, mas muito mais uma massa que vai se adaptando e transformando conforme a realidade. Eu mesma, como ser humano, considero-me inacabada, em construção.

Isso não significa que vamos mudar o tempo todo, mas não podemos ficar engessados nem nos impedir, especialmente a equipe, de analisar como vamos atingir os nossos objetivos. Aonde devemos chegar tem que estar claro, mas as ferramentas e a forma podem ir se alterando conforme a realidade, inclusive para melhor, quando conseguimos engajar a equipe nesse propósito.

Entendo que um planejamento estratégico de sucesso é aquele que envolve a equipe, não importa o tamanho da empresa. Se você tem um colaborador, precisa ouvir suas opiniões e as contribuições que ele tem para o negócio. Costumo orientar em minhas palestras que é importante fazer, periodicamente, as seguintes perguntas para a equipe, incentivando as pessoas a citarem três coisas para cada um desses itens:

- O que a empresa está fazendo e não deveria fazer?
- O que ela não está fazendo e deveria fazer?
- O que ela está fazendo e deve continuar a fazer?

São perguntas simples, e muitas vezes o gestor surpreende-se com os resultados ao envolver a equipe, que contribui de maneira positiva e passa a se sentir construtora de um planejamento, e não apenas executora.

Outra estratégia muito importante é que os planejamentos contemplem duas situações, o aqui e agora e o futuro. Costumo usar, para exemplificar, a figura de dois carrinhos, um no agora, no dia a dia, na velocidade de hoje, e outro rápido, veloz, olhando para o futuro, pensando constantemente como nos reinventarmos no negócio, o que é necessário fazer para inovar e acompanhar a constante mentalidade de digitalização.

A visão de planejamento é dinâmica, exige constante acompanhamento, e, se necessário, rápido redirecionamento. Exige engajamento de equipe e formação da cultura e dos valores sólidos da empresa.

LUIZA HELENA TRAJANO

Luiza Helena Trajano é presidente do Conselho de Administração do Magalu. Foi responsável pelo salto de inovação e crescimento que colocou o Magalu, nas décadas seguintes, entre as maiores varejistas do Brasil.

Também atua como conselheira em doze diferentes entidades como Instituto para Desenvolvimento do Varejo (IDV), Federação das Indústrias do Estado de São Paulo (Fiesp), Unicef e Grupo Consultivo do Fundo de População da ONU no Brasil. Foi primeira colocada como Top Influencer do LinkedIn brasileiro em 2019 e eleita Personalidade do Ano de 2020 pela Câmara do Comércio Brasil-EUA. É Presidente do Grupo Mulheres do Brasil.

Colocar as pessoas em primeiro lugar, atitudes empreendedoras, inovação e criatividade são alguns dos conceitos que sempre adotou e incentivou em sua equipe. Entre os retornos destas crenças e práticas, está a presença do Magalu no ranking, há vinte e dois anos consecutivos, na lista das Melhores empresas para se trabalhar.

Em sua trajetória, vem recebendo centenas de reconhecimentos e premiações como empreendedora, empresária, mulher e líder, dentre eles a classificação em primeiro lugar, nos três últimos anos, como líder de negócios com melhor reputação no Brasil, segundo a consultoria espanhola Merco, e também como a única executiva brasileira na lista global do World Retail Congress (WRC). O Magalu possui mais de mil lojas em dezoito estados e conta com mais de trinta mil colaboradores.

"POR TEREM CLAREZA SOBRE OS PRÓXIMOS PASSOS, AS EQUIPES GANHARAM AUTONOMIA E, PORTANTO, O PESO DAS DECISÕES SOBRE OS EXECUTIVOS DIMINUIU SUBSTANCIALMENTE."

CONCLUSÃO
O NOSSO FUTURO

POR LEANDRO CASTELO

Perseguir os planos futuros se tornou algo natural dentro da Ecoville. Faz parte do dia a dia de cada um, assim como a nossa cultura, essencialmente baseada na humildade e no respeito mútuo.

Não há funcionário que desconheça, por exemplo, o nosso grito de guerra. É algo marcante, que criamos lá no início, quando ainda trabalhávamos com uma Kombi caindo aos pedaços e precisávamos mais do que nunca de motivação.

Entretanto, o jeito de ser Ecoville é bem mais antigo. É resquício do que carregamos desde a infância, quando o meu pai nos mostrava, com exemplos da vida real, a diferença entre o certo e errado. Por meio de seus ensinamentos, eu e meu irmão aprendemos que para um sonho crescer e florescer é fundamental acreditar e fazer acontecer. Mesmo com muita fé e crença em Deus, sabemos que nada cai do céu. Aprendemos muito com os erros. Por não saber vender, enfrentamos uma série de percalços. Sem planejamento, ficamos sem dinheiro para nada. E com a nossa família morando em outro estado, tudo ficava ainda mais complicado.

Sabemos que os desafios continuarão a surgir durante nossa jornada, mas a vida nos mostrou que o estudo e a dedicação nos deixam mais fortes para enfrentar o que vier pela frente. Por isso, eu, meu pai e o Léo continuamos em busca de um sonho grande, que, certamente, nunca terá fim.

Até porque, à medida que conseguimos tirá-lo do campo imaginário, surge outro e mais outro. Ainda bem, porque é assim que achamos que empreendedores devem ser: inquietos e inconformados.

Foi necessário estudar e pesquisar muito para construir uma empresa que contribuiu fortemente para formalizar o mercado de produtos de limpeza porta a porta – o nosso grande propósito desde o início.

Também desenvolvemos uma metodologia própria de vendas, que se fortaleceu e se tornou a base para a expansão acelerada da Ecoville. Não à toa, a empresa cresce há doze anos consecutivos. Claro, para isso, foi necessário nos reinventar quase o tempo todo.

Nosso sonho agora é levarmos a Ecoville a alcançar mais de 4 mil lojas pelo Brasil nos próximos anos, expandi-la para outros países da América Latina e abrir capital na Bolsa de Valores. O propósito é também brigar com grandes indústrias desse segmento, mas ainda há um grande caminho a percorrer.

Com tantas empresas fechadas em decorrência de problemas financeiros gerados pela pandemia da Covid-19, acreditamos que o canal de franquias tenha a credibilidade necessária para ajudar o país a se reerguer. Por isso, assim como a Ecoville, sabemos o quanto a 300 Franchising também tem potencial para crescer.

A partir dela, será possível construir uma rede ainda maior de geração de emprego e renda, que afetará significativamente a vida de muitas pessoas. Cem negócios acelerados pela 300 – nosso objetivo para o ano de 2022 –, ao mesmo modo que a Ecoville foi expandida lá em 2016, significam, em média, trezentos estabelecimentos abertos mensalmente, 10.500 franquias e mais de cinquenta mil empregos gerados. Hoje, são cerca de duas mil lojas franqueadas que empregam oito mil pessoas.

Além de formarmos empreendedores de alto impacto, o objetivo é torná-la, em cinco anos, a maior *holding* de franquias do Brasil, impactando substancialmente o ecossistema de empreendedorismo.

Entender a dimensão do impacto social do nosso trabalho é altamente relevante. Sabemos que, no final das contas, há um bônus chamado dinheiro – que, por sinal, é importante e bem-vindo –, mas a verdadeira realização está baseada no que somos capazes de proporcionar de bom para a sociedade.

Queremos que o empreendedorismo seja capaz de transformar a vida de outras pessoas, assim como transformou a nossa. Sucesso em sua jornada!

"NO FINAL DAS CONTAS, HÁ UM BÔNUS CHAMADO DINHEIRO – QUE, POR SINAL, É IMPORTANTE E BEM-VINDO –, MAS A VERDADEIRA REALIZAÇÃO ESTÁ BASEADA NO QUE SOMOS CAPAZES DE PROPORCIONAR DE BOM PARA A SOCIEDADE."

CARO LEITOR,

Queremos saber sua opinião sobre nossos livros.
Após a leitura, curta-nos no facebook/editoragentebr,
siga-nos no Twitter @EditoraGente e
no Instagram @editoragente e visite-nos no
site www.editoragente.com.br.
Cadastre-se e contribua com sugestões, críticas ou elogios.

Boa leitura!

Este livro foi impresso pela gráfica Rettec
em papel Pólen Bold 70 g em agosto de 2020.